LA EXPLOSIÓN DEL SUJETO

DEL SUJETO

ACONTECER DE LAS MASAS
Y DESFONDAMIENTO SUBJETIVO
EN FREUD

APERTURAS, 4

Juan Carlos De Brasi

LA EXPLOSIÓN
DEL SUJETO

ACONTECER DE LAS MASAS
Y DESFONDAMIENTO SUBJETIVO
EN FREUD

EPBCN
EDICIONES

Edita: © EPBCN — Espacio Psicoanalítico de Barcelona
Balmes, 32, 2º 1ª
08007 Barcelona
93 454 89 78
info@epbcn.com
http://www.epbcn.com

4ª edición, corregida y ampliada: Junio de 2016
Copyright © Juan Carlos De Brasi
De la presente edición: © Espacio Psicoanalítico de Barcelona, 2016
Maquetación: Josep Maria Blasco y Carles Fabregat
Portada: Fabián Ortiz, Carles Fabregat y Josep Maria Blasco
Diseño de la colección: Josep Maria Blasco y Carles Fabregat
Depósito legal: B-14271-2016
ISBN: 978-1533618832

ÍNDICE

Decurso

La *Explosión del Sujeto* es el primer texto de una trilogía. Primero fuera del orden cronológico de su aparición. Inicio, sólo, de un pensamiento que lo sitúa en ese lugar sin lugar ubicable. Con él arranca el tramo *particular* de un sinuoso recorrido que está consignado en el ensayo.

La incursión por el trabajo freudiano —*Psicología de las masas y análisis del yo*— deja en suspenso el mismo concepto de sujeto, sea considerado en su dimensión trascendental o en su constitución estructural. Así el sujeto, en el discurso freudiano y en el proceso histórico, ha *explotado* en su núcleo más íntimo siendo entonces, la *diseminación*, el *movimiento* y la *complejidad* los que deberían caracterizar sus devenires específicos y su trabazón con el acontecer de la subjetividad.

De ese modo, se abre el paso al segundo componente: *La problemática de la subjetividad*,[1] donde ella es enfocada desde un concepto que es puro acontecimiento. En eso estriba su *univocidad*, *entramado* y *multiplicidad* en acto que rehuye cualquier unidad o pluralidad fijadas a priori.

Dichos asuntos siguen desplegándose en el último eslabón del tríptico, *Ensayo sobre el pensamien-*

---

[1] [Nº 3 de esta colección – Ed.]

to sutil[2] y *Elogio del pensamiento.*[3] Sutil más allá de toda sutileza. Ahora es el juego de la letra el que pone las reglas. La de*s*terminación, la differ*a*nce y la *k*ritica son los desafíos arrojados y explorados por un pensamiento "sujeto" de sus decisiones más singulares.

Finalmente, en cada uno de los ensayos permanecen tendidos, expresa y concientemente, los hilos con los que se teje el escrito siguiente. Hilados, hitos que señalan el rumbo hacia una meta cuya llegada es el mismo punto de partida lanzado a sus incesantes transformaciones.

---

[2] [N° 4 de esta colección – Ed.]
[3] [N° 5 de esta colección – Ed.]

Acto y actualidad de *Psicología de las masas*

Lo cual quiere decir que no se puede hablar en cualquier época de cualquier cosa; no es fácil decir algo nuevo; no basta con abrir los ojos, con prestar atención o adquirir conciencia, para que se iluminen al punto nuevos objetos, y que al ras del suelo lancen su primer resplandor.

Michel FOUCAULT

Un texto no es un texto más que si esconde a la primera mirada, al primer llegado, la ley de su composición y la regla de su juego. Un texto además permanece siempre imperceptible. La ley y la regla no se cobijan en la inaccesibilidad de un secreto, sencillamente no se entregan jamás, en el presente, a nada que rigurosamente pueda ser llamado una percepción.

Jacques DERRIDA

DEVENIR I
COMPLEJIDAD, MOVIMIENTO Y DISEMINACIÓN

Apertura

Las líneas exploradas durante estos escritos aluden a series en sí mismas problemáticas. Desde ellas se intenta poner de relieve algunos temas relegados a distintas formas de clausura. ¿Es lícito volver a batir el parche sobre una dimensión psicoanalítica de la cual se habló, anecdóticamente, hasta el cansancio? La respuesta, si cabe, es afirmativa. La razón es sencilla: se trata de una obra canónica y no de una "aplicación" doctrinaria de conceptos psicoanalíticos a diversos campos (instituciones, grupos, comunidades, etc.), comprendidos bajo la noción de *grupalidad.*

Tomando las líneas de referencia, son claras tanto las ventajas como las desventajas de partir del universo canónico de un saber conjetural (misterio de las paradojas) como lo es el del psicoanálisis.

Pero el asunto no termina aquí y, sin mención explícita, este trabajo en dos tiempos arranca del franco desconocimiento de lo que sea un texto para el lector ocasional del mismo. Es decir, parte de la base de que lo conocido por demasiado bien conocido se torna ignorado. Y, desde ese *impensado,* se proponen otros devenires, nuevas imprevisiones.

Además en sus recorridos se discute, sin nombrarlas, la función (posmoderna) del olvido; la del diálogo en perspectiva con el pasado, perspectiva que se despliega inconmensurablemente; y, por último, las improductivas ideas de "obsolescencia" y "superación" de saberes diferenciales.

La primera porque fracasa estrepitosamente junto con la noción que le da origen, la de *progreso*. Mal podemos decir que se progresa en algún sentido, salvo en el de una "progresión", cuando todo el mundo actual reconoce que no hay fines hacia dónde ir, ni causas de las cuales partir. Entonces, si *el* progreso sólo existe como una categoría de ciertos pensamientos o como un sistema de omisión de realidades insoportables, percibimos que la misma noción de "obsolescencia" se vuelve obsoleta.

En lo que toca a la segunda, es sabido que la idea de *superación* más difundida y aceptada está ligada, en nuestra modernidad, a una *chata* vulgarización de la concepción hegeliana sobre el particular.[4] Si a la misma la despojamos de los signifi-

---

[4] Digo "chata" porque la complejidad del pensamiento hegeliano sigue, en gran parte, no pensada. Cuando se sale de la *Fenomenología* rumbo a la *Lógica*, las elaboraciones del "más griego de los filósofos" —según Heidegger— se complican de manera imprevista. Y no pueden volcarse, como es hábito (mal hábito), sin tener en cuenta las operaciones lingüísticas, en los raquíticos esquemas de espíritu subjetivo, objetivo y absoluto, o en tesis, antitesis y síntesis, trio antihegeliano por excelencia. O sea, por sí mismos son apenas estribillos estériles, pero en la dimensión de Hegel representan el arduo trabajo del concepto desde los presocráticos (en especial Heráclito y Parménides) hasta sus contemporáneos.

cados que implica, como "estar adelantado respecto de...", "ser mejor", "comportarse de modo más abarcativo", etc., diremos que "superar" es estar en mejores condiciones para "situar" las realizaciones prácticas de un pensamiento, sus contextos de referencia, las pasiones y formas de conocimiento —irrepetibles— en juego, nuestras propias huellas y aconteceres, así como los límites que padeció y que valoramos precisamente por ser *limitados*, históricamente acotados, inmanentes, alejados de toda trascendencia, como lo sería un ombligo divino.

Conectado a todo lo previo, diría, para evitar cual-quier confusión involuntaria, que *ni* memoria unificadora, pasatista; *ni* olvido, desingularizante, efectista; *sino* un recuerdo apropiado, intenso, casi imperceptible.

Aquí trataremos de ir recordando ese proceso que convierte en "obra abierta" a un "viejo" texto. O, para decirlo llanamente: buscaremos montar una pequeña máquina abrelatas, ejercer, con sus lábiles modalidades, la pasión inconclusa de leer.

Introducción

Han transcurrido más de ocho décadas desde la primera edición de *Psicología de las masas y análisis del yo*, ese perdurable y aún provocativo texto de Freud. Sigue acuciándonos como lo hace todo discurso inaugural y, en cierto modo, revulsivo. Ante cada lectura se abren interrogantes inéditos, cuyos responsos desencadenan nuevas preguntas.

Si pudiéramos atribuir una voluntad a aquél, sería la de no permitir cerrarse, ni sobre sí mismo, ni en acercamientos impresionistas, veloces desciframientos o interpretaciones convencionales.

Con esto quiero decir que la problemática freudiana de la grupalidad (de ello se trata y no sólo de distintos conjuntos empíricos), implica desde sus comienzos otras que le están indisolublemente ligadas, como las de la *complejidad, el movimiento y la diseminación*; tres rasgos que *rasgan* las convicciones apresuradas o las clausuras involuntarias, en las que el mismo psicoanálisis basa muchos de sus asertos.

Este escrito es el núcleo de un trabajo más extenso sobre el tema, considerado desde los valiosos sedimentos depositados en la obra freudiana. Por tal razón las elucidaciones, de mayor amplitud, que exigirían muchas de mis afirmaciones, quedarán sólo como precisas indicaciones de los senderos a transitar, cuyas metas va fijando cada viajero.

Hecha la aclaración, desearía formular una conjetura que vertebra todas las aproximaciones, investigaciones y elaboraciones que vengo realizando sobre el particular. Es la siguiente: cuando se pierde de vista u omite la complejidad, el movimiento y la diseminación metapsicológicas, no se comprenden los aportes y limitaciones de la *intervención psicoanalítica* sobre la grupalidad y sus perspectivas histórico-sociales. Y, a mi entender, después de haber consultado una cantidad significativa de libros, artículos y apreciaciones acerca del asunto, la omisión señalada es moneda corriente.[5]

Durante la conjetura subrayé *intervención psicoanalítica*, porque eso es lo primero que dispara el ensayo de Freud[6] en un campo de saberes y profesiones ya constituidas.

Los innumerables volúmenes que se publican en su época, y con anterioridad, sobre el problema de las masas[7] (lo cual dice que las masas eran un problema), la comunidad, la sociedad, los "públicos" creados por la aparición de los periódicos, etc., son las fronteras del territorio en que se movían con

---

[5]En un trabajo previo (*Cinco conferencias sobre Psicoanálisis de las masas*) señalé las diferentes lecturas que se han realizado —especialmente en Hispanoamérica— sobre *Psicología de las masas*. Por otro lado, al tomar como método una operación de lectura, me aparto intencionalmente de cualquier técnica de objetivación aplicada al texto, documentos o materiales de que pueda tratarse.

[6]Ver Apéndice I, *A propósito de Psicoanálisis y Medicina: qué significa dogmático e impensable en Freud.* Allí ofrezco otra modalidad de lo que sería, a mi entender, una intervención psicoanalítica.

[7]Vocablo que, en sus inicios, abarcaba grupos, instituciones y diversas estructuras comunitarias.

pingües beneficios (recordemos que *Psicología de las multitudes*, de G. Le Bon, fue un *bestseller* en su momento) los *psicólogos de las turbas*. O sea, que el gesto inicial de *Psicología de las masas* es un acto, casi olvidado, de audacia.

Se interna, a veces, con precarios elementos, en un continente de poderes arracimados e institucionalizados. Y lo hace mediante una ilusión estratégica: pretende atravesarlos para que la dimensión psicoanalítica sea asimilada, obteniendo por derecho la parcela que debería corresponderle.

Desde varios sectores académicos y disciplinarios —teoría del estado, filosofía positiva y sociología, historia de las religiones, teología, etc.— le negaron el derecho a circular por los distintos canales de las formaciones colectivas, buscando liberar alguno de sus afluentes.

Complejidad

La misma noción de *complejidad* expresa que cualquiera sea el punto de partida que escojamos la hallaremos dando el tono, caracterizando el tipo de abordaje, de cuestiones tan sinuosas como las de la grupalidad. El apuro y ciertos réditos llevan, a menudo, a simplificar las cosas, confundiendo esquemas de comunicación fácilmente repetibles, con lo *simple*, siempre muy elaborado, de una transmisión que pretende evitar la reproducción mecánica de los planteos, generando un proceso de pensamiento-acción que nutre su propia autocorrección.

Complejidad, apunta el subtítulo, guía y marca de todo concepto que posibilite realmente un acceso psicoanalítico a los fenómenos colectivos, sus intensidades, concentraciones e inaprensibles dispersiones. Las reducciones categoriales, por el contrario, son los modos en que un círculo profesional, estamental, etc., se los apropia en su afán por institucionalizarlos, someterlos a ciertas relaciones de fuerzas, haciendo escuela o dispositivos similares.

El texto freudiano "padece" tanto en su traducción como en el uso de centelleantes analogías y groseras aglutinaciones. Un ejemplo de lo primero es el haber traducido infelizmente el término alemán *Bindung* (vínculo) por el de *lazo*, e in extenso *lazo social*, que provienen de la sociología objetivista francesa representada por E. Durkheim.[8]

---

[8]Para consultar este aspecto véase *De la division du travail social* (7ª edición), libro primero, capítulo primero. Dice Durkheim: "Pour répondre à cette question, il faut donc comparer ce *lien social* aux autres, afin de mesurer la part que lui revient de l'effet total, et pour cela il est indispensable de commencer par classer les différentes especies de solidarité sociale". Como se puede apreciar ahí queda claramente definida y correlacionada la noción de *lazo social*, considerada como una clave metódica sustancial para el tratamiento de la "función del trabajo". Cosismo y funcionalis-

El *lien social* en este autor, tomado sin ninguna precaución por una influyente corriente psicoanalítica, es una noción *cosista*, sólo se refiere a realidades constituidas; *coercitiva*, pues está dedicada a fundamentar la constante presión externa sobre el individuo; y, además, conduce a identificar la divinidad con lo social.

Se trata de una categoría *expresiva*, pasible, a su vez, de ser detectada inmediatamente en los "hechos" sociales. El *lazo* de múltiples individuos en unidad se "expresa" —como muestra Durkheim al analizar *"Las formas elementales de la vida religiosa"*— en lo visible y palpable del animal totem sacrificado, que se ingiere en una ceremonia común. Así la unidad social expresa tangiblemente cómo el animal devorado es la divinidad absoluta, determinante.

Su ingestión hace que el *lazo* que crea, *lazo social*, se contemple como divino él mismo. La noción mencionada lleva a una inevitable antropomorfización de lo social, que se convierte en "sustancia divina", "persona real", conduciendo de un plano metafísico a la presencia manifiesta de un sujeto hablante o que desempeña un comportamiento observable.

Un agregado más al respecto. En el otro polo del *lazo social* se halla un concepto "orgánicamente so-

_____

mo social van de la mano.

lidario" (investigado brillantemente en *El suicidio*)
de sus postulados, es la famosa *anomia*. Nada parecido se encuentra en el proceso de *desvinculación*
(*Entbindung*), con que finaliza la reflexión freudiana sobre la grupalidad.

Por otro lado, considerando una dificultad in-
trínseca a la palabra *lazo*, sabemos que se define
por *nudo*, mientras *vínculo* indica una mayor la-
bilidad, un continuo desplazamiento (vinculando),
supone lo desvinculado en la conexión misma y permite, en este caso, una correlación conceptual con
el empleo del vocablo en campos afines.

Y es en relación a uno de éstos donde surge una
fusión por la cual el vínculo que propone Freud ha
sido volcado enteramente en el que postula la Psiquiatría Dinámica (D. Lagache), con la consecuente
indiscriminación que desencadena.

Para esa disciplina, el *vínculo* es rotulado como
la forma "particular en que un sujeto se conecta o
relaciona con otro o los otros, creando una estructura que es particular para cada caso y para cada momento". Si esta delimitación correspondiera
puntualmente a la idea freudiana, las críticas más
sagaces a su exposición serían irrebatibles.

La concepción del *vínculo* que posee la Psiquia
tría Dinámica requiere la constitución progresiva de
"niveles de integración", la división del vínculo en
"normal" (independencia personal, ligazón adulta,

libre elección del objeto, etc.) y "patológico" (despersonalización, desrealización basada en la proyección e introyección, etc.) y, fundamentalmente, su
meollo reside en la interacción de roles individuales,
grupales o institucionales, estructurados de acuerdo
con el *status* y la *comunicación* que operan dialéc-
ticamente en cada situación.

Obviamente, en Freud, el vínculo, en caso de
existir la entidad *normal*, no puede conjugarse en
las "relaciones de objeto", ya que las identificaciones, condiciones de posibilidad para que haya un
sujeto, son "antes de cualquier relación de objeto".
Y, en caso de existir la entidad "patológico", no
puede anidar en las relaciones personales e inter-
personales anegadas por su negación, es decir, donde éstas se despersonalizan constituyendo un férreo
mecanismo de defensa.

La noción de "persona", sobre todo en *Psicología de las masas*, hubiese sido un duro traspiés
—por ser el núcleo del dogma cristiano[9]— para el

---

[9]Efectivamente, el hombre en cuanto "persona", "en-
carnadura divina", es la base del humanismo soteriológico
(salvacionista) de cuño cristiano. Asimismo, en sus escritos,
Freud soslaya cualquier *Menschwerdung* (humanización) de
las masas, los grupos o los individuos, pues se trata de una
palabra técnico-teológica que designa la encarnación de Dios
en Jesús según el dogma cristiano. No se trata de ningún
anti-humanismo sino, específicamente, de una no humanización.

pensamiento analítico. Eludirla, y no adoptarla, fue el mérito de Freud ("haber evitado caer en la hipóstasis teológica"), según reconoció uno de sus críticos más severos, Hans Kelsen.

Para rubricar este apretado comentario enfatizaría que, en Freud, es imposible suponer un "estructuralismo" del vínculo, o estructuras acotadas a cada situación, ya que una estructura, sea cual fuere, requiere dejar la situación y la temporalidad en suspenso.

Otras marcas

Se ha vuelto un rictus habitual separar el Freud "clínico" del "social". Con el tiempo se tornaron irreconciliables; y no porque hubiera algo que conciliar, sino porque debería pensarse a qué cegueras y creencias respondía la separación.

El primer Freud se encargó de hacer laboriosamente el diseño de la experiencia analítica, sus protocolos, sus historiales, su casuística, la enunciación de sus reglas, prescripciones técnicas y formulaciones conceptuales. El segundo sólo se ocupó de aplicar todo ese bagaje a vaguedades llamadas "sociedad", "sociológico", "social", etc. De ese mo-

---

En correspondencia con aquel término, Nietzsche crea otro, la *Tierwerdung* (animalización), es decir, la *superación activa* de la teología y el dogma.

do surgieron los textos que se aventuraron en territorios ignorados, simétricos a lo social mismo.

Con cierta vergüenza, hasta los psicoanalistas progresistas, rupturistas y demás, reconocen que el Freud "social es muy falente, simplifica cosas que, en realidad, son harto complejas". Así, los indicados para realizar una tarea crítica hacen suyo convenientemente un criterio de clasificación institucional que pautaba el estudio de la obra freudiana de manera cronológica.

Las exclusiones de ambos universos, clínico y social, eran un efecto curricular, una forma de "programar" psicoanalistas. Por eso, junto con aquél, expresan alegremente el difundido prejuicio de que el psicoanálisis cuando rebasa sus fronteras se encuentra con cosas a las cuales simplifica.

Desde que cada disciplina, desconociendo las condiciones de su producción, historización e invención, se enquista en el objeto que cree construir, en su especificidad fetichizada, en su espejo opaco, se olvida de que ante todo es "disciplinadora", tribunal que excede sus propias sentencias sobre la legitimidad e ilegitimidad, validez o invalidez de un conocimiento, a menudo poblado de dolores.

Examinemos rápidamente algunas de las "cosas" que Freud "redujo" o "sustancializó" sin remedio. En un listado que no pretende ser exhaustivo, pero que es el más referido, se encuentran los

siguientes conceptos y las resonancias que provo-
can: *lo social, la masa, el líder, la libido, el sujeto*,
y otros que insisten desde el margen, suscitando
cuestiones todavía indescifradas.

La idea de *lo* social que podemos ir detectando
en la reflexión freudiana es absolutamente diferente de la noción de sociedad (régimen de todo aquello estatuido), objeto de estudio y constructo por
excelencia de la ciencia sociológica. Tal idea está
connotada de distintos modos a lo largo de su obra
y sufre variaciones peculiares, de acuerdo a las *formas de socialidad* que esté buceando. Estimo que
es la mención más adecuada para enmarcar esas
primeras exploraciones.

Así, la correlación: organización libidinal/acon-
tecer institucional/entorno social histórico, que in-
daga en *Psicología de las masas*, difiere de la recu-
peración de lo social en la fusión del mito y la historia, como especula en *Totem y tabú*. O la unión
social religiosa en el nombre de origen, tal como la
expone en *Moisés y la religión monoteísta*. Por otra
parte, *El porvenir de una ilusión, El malestar en la
cultura, ¿Por qué la guerra?*, despliegan los espectros sociales del aumento de la represión, el poder,
sus coberturas ideológicas, el imperio de lo siniestro
devastador, etc., como determinaciones específicas
de un sistema que intenta apresar la multiplicidad

de quehaceres comunitarios en sus aparatos siste-
máticos de captura y sumisión.

En el escueto panorama señalado vemos que resulta prematuro concebir lo social de manera unilateral, como ya constituido, externo y, por ello,
objeto de múltiples "investimientos". Creo, por el
contrario, que esa noción en psicoanálisis hay que
ponerla a trabajar, hacerla permeable a los desafíos
del contexto y de las condiciones que ella misma
forma parte.

Así, "social" no será más que el nombre im-
perfecto y provisorio de intrincados congelamientos
(reglas, estructuras burocráticas, jerarquías opera-
tivas, etc.), líneas de fuga singulares que los eluden (reacomodamientos del sistema, actos creati-
vos, etc.), historias que burlan el *único* sentido de la
historia y demás inconclusiones de un pensamiento
en curso.[10]

---

[10]Freud afirma desde el comienzo que "toda psicología individual es simultáneamente psicología social". Pero, ¿cuál
es el estatuto de este enunciado? Si fuese una premisa sería
indemostrable. Si fuera una "certidumbre anticipada", además de un sofisma sería una tautología, pues se supone lo
que se debe demostrar. Si constituyera una "evidencia inmediata" carecería de interés. Entonces parece ser la puesta en
escena de un problema a elucidar. Su transparencia es ilusoria. Sólo cuando decline el rumbo metapsicológico podremos
dar cuenta del mismo.

Igual suerte que la anterior corrió la célebre noción de "masa". Joven ella, aunque de largo y conflictivo arrastre, irrumpe con brío en los albores del siglo XIX. Sienta sus cabales y con éstos genera una inmensa legión de especialistas que se ocupan de sus peripecias, intentando *asentarla*, de hacer previsible el control de sus movidas irracionales, que desbordaban tanto la razón de turno como la *razón de estado*.

Desconociendo las inquietas composiciones de masas, las diferencias en sí mismas que mantienen, la versión oficial del psicoanálisis —vía institución *madre*— condensa sin miramientos las masas estudiadas por Freud con la masa de panadería, siempre amasable, homogénea, cosista. Así la convierte en algo indiscriminado, aglutinado, primario, quitándole la posibilidad de la palabra que será patrimonio exclusivo del neurótico y su "neurosis de transferencia", verdadera "masa artificial" creada por el montaje psicoanalítico de la sesión.

Paralelo al fetiche de la masa —causa de..., cada cual puede completar la sentencia con los adjetivos usuales— se largó a rodar la frase "efecto masa" —consecuencia de...—, cuyo nivel era similar al de una hipótesis irreversible. Es decir, la causa podría haber desaparecido o estar momentáneamente fuera de comprobación, pero el efecto —por ejemplo, igualación, ilusoriedad, sugestionabilidad— seguía presente para evidenciar que era resultado de aquello ya descripto tantas veces.

Estas y otras ocurrencias se endosaron sin ninguna mediación al análisis y evaluación de los dispositivos grupales, así como al universo metaempírico de la grupalidad, produciendo un *efecto* paradojal, o sea: la homogeneidad, empastamiento, obscenidad, y otras deidades, no eran sino extrapolaciones de los supuestos conceptuales que constituían la metodología de abordaje. Se conocía *demasiado bien* lo que se ignoraba *absolutamente*.

Cabe entonces hacernos la pregunta obligada, ¿existe en Freud alguna sustantivación de los fenómenos, procesos, o de las múltiples formaciones que está elucidando,[11] más allá de los errores y limita-

---

[11]La convicción indubitable de que Freud "sustancializaba" la fenomenología de la masa y el poder impulsa a E. Canetti a rumiar ese libro fascinante que es *Masa y poder*, escrito "para servir de antítesis a la psicología de las masas de Freud". Y es tal su pasión antitética que, a lo largo de sus 492 páginas, no existe una sola referencia al ensayo freudiano.

Pienso que el desacierto de Canetti estriba en creer que Freud despreció lo que a él le preocupa en su "poema antropológico" (cuyo paradigma es *La metamorfosis* de Ovidio) y que es lo único que despliega: las metamorfosis de las "masas manadas". Las de mayor perdurabilidad y poder son lateralizadas, a pesar de que Canetti comenzó a escribir su tratado de la fugacidad, impresionado por el incendio de los tribunales vieneses en 1927, precisamente a partir del fuego de una

ciones del enfoque analítico? La respuesta, obviamente, es negativa.

Los primeros capítulos de *Psicología de las masas* enfatizan sin remilgo variadas modalidades de masas: *efímeras* (por ejemplo, multitudes callejeras, muchedumbres patrióticas); *simbólico-tradicionales* (como podría serlo una casta sacerdotal o un estrato campesino); etc., ya ponderadas detalladamente por sus predecesores.

Pero las revisiones y observaciones al respecto apuntan a la formulación de un interrogante cardinal, que marcaremos en su momento, y no a la instauración de peregrinas "leyes psicológicas" que regirían la "psicología" (¿qué otra cosa?) de las muchedumbres, tal como era la costumbre de los estudiosos franceses en su época, que veían brotar leyes y objetividades por doquier, tomando la realidad por un manantial legislativo.

Posteriormente, fuera de un ángulo visible, las masas se consolidan como "artificiales". Éstas difieren de las anteriores por la conducción, la estabilidad, la coerción externa y otros factores tan determinantes como los nombrados. Sin embargo, me interesa destacar algo que ha sido omitido persistentemente en la remisión al análisis de Freud sobre las dos instituciones-baluarte.

"masa duradera". Ambos enfoques son complementarios, no antagónicos.

La puntualización no carece de resonancias para seguir andando por los atajos de las diferencias. La Iglesia y el ejército tienen muchos elementos comunes, pero éste "se diferencia *estructuralmente* de la Iglesia por el hecho de que consiste en una jerarquía de tales masas. Cada capitán es el general en jefe y padre de su compañía y cada suboficial, el de su sección. Una jerarquía similar se ha desarrollado también en la Iglesia, es cierto, pero *no desempeña en ella el mismo papel económico*, puesto que es lícito atribuir a Cristo (llamado el «buen pastor») un mayor saber sobre los miembros de la grey y un cuidado mayor por ellos que el general en jefe humano".[12]

Es notoria, en el párrafo citado, la desigualdad estructural que existe entre ambas instituciones, además de las génesis, prácticas y conformaciones simbólicas que las distinguen.[13] Por otro lado, es meridiano que la dimensión económica se mantiene cuando se pasa a considerar el plano tópico-institucional. Ello implica la pluralidad interna que gobierna el concepto de *libido* y las *formas de cohesión* que posibilita. Esto lo veremos enseguida.

---

[12]Los subrayados y el agregado son míos.

[13]Se habrá percibido que Freud siempre escribe "Iglesia" con mayúscula y "ejército" con minúscula. No lo hace por azar o por estampar un mero grafismo, sino porque se refiere a la Iglesia Cristiana y a su idea de la unicidad de la trascendencia divina.

Continuando con el texto nos topamos con *formaciones de masas restringidas* ("el vínculo hipnótico es una formación de masa de dos"), *puntuales* (alguien que había sido "individuo-masa como los demás"), *hórdicas* (en estado fraternal, guerrero, de lamentación o multiplicación), *naturales* (la familia), etc. Podríamos mencionar otras que el ensayo enumera atropelladamente, en su afán por ensartar elementos que le permitieran armar una *tipología* orientadora de fenómenos tan inestables y escurridizos.

Llegados a este tramo de la investigación —que sigue un orden alejado de la exposición de sus resultados— es donde Freud atisba una gran multiplicidad de formaciones colectivas. En ese instante se formula una pregunta clásica, ¿qué une, relaciona, cohesiona, etc., a una masa que no es, necesariamente, empírica?

La despeja ofreciendo una contestación inédita en su tiempo: *la libido*, a la que delimita como "una expresión tomada de la doctrina de la afectividad. Llamamos así a la energía considerada como una magnitud cuantitativa —aunque por ahora no medible— de aquellas pulsiones que tienen que ver con todo lo que puede sintetizarse como «amor»".[14]

---

[14]Queda fuera de nuestro interés discutir si el amor es o no una pulsión específica. Para Freud lo es. Para Lacan no, ya que el amor es una ilusión totalizadora, mientras que la

Más allá de que la invocación pueda considerar-
se un poco envejecida, merecen ponerse de relieve
algunos aspectos meritorios y señalar críticamente
otros. Entre los primeros se halla la importación de
un concepto vertebral, teórica y prospectivamente,
de la teoría de la afectividad, según los desarrollos
de A. Moll. Se incorpora, así la amplia noción de
afecto, en el sentido de *afectar y ser afectado* por
algo.

No se trata, entonces, de "ansiedades" (básicas
o derivadas), ni de "sentimientos", "voltaje emoti-
vo", o "alto grado de emocionalidad" en los fenómenos colectivos, sino de afectos, de cómo ellos se
organizan (componen), *funcionan* (sugestionando)
y *circulan* (contagiando) como verdaderos *regímenes de afectación.*[15]

En ellos los flujos de energía son constitutivos
de las *formas de socialidad,* de su potencialidad
para desencadenar inexplicables transformaciones.

---

pulsión es siempre parcial. Esto es cierto a medias, pues el
amor algo atrapa de las pulsiones.

[15]Por no explorar suficientemente sus órdenes, quizás debido al temor de que estuvieran al margen de la "lógica
científica" imperante, la investigación sobre "la naturaleza
de la sugestión", que había iniciado un grupo de psicoanalistas cercanos a Freud, nunca se realizó. Recién hoy se la
ha recuperado de un modo satisfactorio para la explicación
de algunos fenómenos masivos que escapan a las ecuaciones
simples y sus cálculos de predictibilidad.

Para esto la energía no debe ser captada en reposo, en estado inercial, *cuantitativamente* (con la reserva de que "por ahora no sea medible"), sino en su *diversidad cualitativa*, como un fluir continuo que es bloqueado y liberado en múltiples artificios estructurales, objetales, sistémicos.

En cuanto a las observaciones críticas, anotaríamos las siguientes. Ligada a la idea de energía cuantitativa, se supondría que existirían *quantums* de energía siempre listos para investir cualquier objeto. A ésta la llamaría una *relación de indiferencia* que da pie para que se utilicen adjetivos como "indiscriminada", "aglutinada", etc., para designar las conexiones psíquicas tempranas, después extrapoladas al espectro mismo de la grupalidad, la cual se aborda unilateralmente bajo el modelo encubierto de la psicosis. Por suerte tales indistinciones son difíciles de probar en condiciones medias vitales, caracterizadas por procesos irretornables, fluctuantes y diferenciados.

Siguiendo con otra puntuación preguntaríamos mediante qué pautas, disposiciones, procedimientos, se establecen los "derroteros pulsionales" —establecidos por Freud— que llevan hasta "la consagración a objetos concretos y a ideas abstractas", así como las "otras constelaciones —también señaladas por él— que son forzadas a apartarse" de la meta sexual genital.

Parecería que esas "constelaciones" pueden ser grandes corredores pulsionales o feroces trabas de los mismos. De todas maneras no queda claro cómo incidirían sobre la singularidad de los investimientos.

Al hablar de *formas de socialidad* sugiero que la noción de *investimiento* debería ser reelaborada, ya que se remite a algo dado y actúa sobre parámetros instituidos, mientras aquéllas jamás terminan de constituirse.

No es la finalidad de este escrito indagar las falencias mencionadas, sino la de remarcar que tales huecos no esconden una "naturalización" de los conceptos y nociones empleadas.

Con la *libido* se responde a una cuestión clásica sobre los grupos, las instituciones y los acontecimientos masivos. Equiparada al amor, produce una *cohesión* de todo aquello en que interviene de manera constante. Sin embargo, tampoco existe *la* cohesión en Freud. A lo largo de su trabajo la vemos modificada y ramificada.

Una de sus formas es "la igualación desde abajo" que signa la horizontalidad de los miembros que componen un conjunto determinado. Otra es "el amor igual por todos" que se condona desde un rol personificado a un plano simbólico específico. Una tercera estaría dada por el *corpus unum*, o línea unificante tendida desde el representante único y corporizada por él. Finalmente, la cuarta modalidad se daría bajo el repertorio de las "normas, ceremonias culturales, pertenencias comunitarias, etc.", imprescindibles.

Considerando el asunto desde otro ángulo, el *amor* no sólo suelda, pegotea o cohesiona a secas. La ilusión amorosa está quebrada por dentro. Une separando y separa uniendo. La dimensión más acabada del amor, por su tendencia a la perfección, es la religiosa.

Veamos cómo expresa Freud esa hendidura amorosa, "una religión, aunque se llame la religión del amor, no puede dejar de ser dura y sin amor hacia quienes no pertenecen a ella. En el fondo, cada religión es de amor por todos aquellos a quienes abraza, y está pronta a la crueldad y la intolerancia hacia quienes no son sus miembros".[16]

En otros términos, el amor, proclive a la cohesión máxima, se define, por lo que excluye y el corte que le es consustancial, en las figuras textuales e históricas de la "crueldad y la intolerancia" religiosas. A esta altura debemos aceptar, entonces, que el amor en sí mismo entraña la posibilidad de transformarse en lo contrario (odio). Y, si no es en-

---

[16]Sólo este párrafo da cuenta de todos los movimientos de las tres religiones monoteístas que dominan el panorama contemporáneo.

teramente una pulsión, por lo menos comparte uno de sus mecanismos.

Las pulsiones desconocen tanto las ilusiones como las represiones. Sólo aceptan mutar y metamorfosear lo que rondan o golpean. Así, la *desilusión* envuelve desde el comienzo simultáneamente a lo ilusorio, a las formaciones colectivas.

En concordancia con lo que venimos desplegando se da el problema del *líder* y el del *liderazgo*. En ambos casos sería una torpeza hacer condensaciones inapropiadas. Los complicados procesos de vinculación entre las masas y sus líderes no autorizan a hablar de *la* masa —como demostramos— ni de *el* líder. Hay por lo menos tres tipos de liderazgo en Freud que son bastante más atrayentes y abarcadores que los sacralizados por el esquema sociopolítico de K. Lewin, donde los líderes "autoritarios", "democráticos" o "laisseferistas" aparecían montados sobre "climas" grupistas y descontextuados.

El primero es el líder *personificable* o *figural* (incluye los tres especímenes de Lewin), que descubrimos en cualquier evento grupal o sociocultural. El segundo es el *conductor* o *trama simbólica* (por ejemplo Cristo o la doctrina eclesiástica). Por último, el diseño de una *función-guía,* como lo es por ejemplo la estructura de un rol directivo acorde a ciertas necesidades institucionales y organizacionales.

En relación a lo anterior, y para aventar equívocos, tampoco posee ninguna base resumir las formas de liderazgo propuestas por Freud en la tardía y misteriosa noción weberiana de "liderazgo carismático". Esta connota fundamentalmente la relación eficaz e inexplicable de un sujeto y sus poderes con los demás en una racionalidad determinada.

Movimiento

La idea y la realidad del movimiento son arduas, esquivas. Creemos captarlo en su esencia cuando vemos a alguien correr como una saeta en una competencia deportiva, en un avión que busca su vuelo o en una lancha que abre raudamente un surco en el agua. De igual modo pensamos que nos movemos en un texto al ir pasando sus páginas, cuando concretamos el recorrido desde su primera hoja hasta su última línea. Generalmente en ese punto se estima que la labor central de la lectura ha culminado. Ahí, sin embargo, empieza a emerger su movimiento, al finalizar su recorrido, que perdura en los gestos, instantes discontinuos, en los continuos seguimientos, y demás operaciones voluntarias e involuntarias.

El movimiento se da básicamente en el acto de moverse, de acompañamiento del texto, con las intensidades que nos afectan durante la acción de leer, con la *movilización, apropiación* y *elaboración* de lo transcurrido que involucra de manera tan peculiar el cuerpo en el *corpus* de la escritura.

Los tres tránsitos que remarqué son *tiempos puros*, duraciones de lo pensado en el horizonte psicoanalítico, sólo porque nuestros deseos y estrategias de lectura hacen que el ensayo freudiano no se cierre, agonice, enmudezca. Dichos tránsitos se funden con el espacio homogéneo de las letras, espaciamientos, numeraciones, etc., que hacen a las distribuciones gráficas y a las significaciones subyacentes, siempre dispuestas a ser recogidas o combinadas de cierta manera.

Esto es apenas una pincelada del movimiento en sentido cualitativo, aunque él no sea más que una pincelada hecha de fuerzas, colores, tiempos y miradas sobre una tela de enigmas. Como en este trabajo manejamos una fuerte conjetura ya aludida, la de estar atentos al desarrollo metapsicológico de la grupalidad (pues en caso contrario desaparece), no es ocioso haber enfatizado la característica del movimiento que nos solicita.

En él hay tres direcciones, con supuestos que se mantienen resignificados en cada trecho, que son *encrucijadas* donde lo que *dura* sólo es posible por sus respectivos cambios. Andaremos por ellas y sus baches hacia un final que es justo el clímax en que se revierte toda la problemática tradicional sobre la grupalidad, donde aflora otro modo de interrogación acerca de sus devenires.

Morfomasas.[17] Punto de vista económico

Apenas esbozada su idea de vínculo, Freud se dedica a explorar puntillosamente la descripción leboniana del "alma de las multitudes", por lo cual los laberintos anímicos del individuo quedan sumidos en una "masa psicológica".

La descripción permite, a su vez, una clasificación de las diversas instancias colectivas en *homogéneas* (instituciones, castas, clases, sistemas de creencias, organizaciones, etc.) y *heterogéneas* (asambleas parlamentarias, multitudes electorales, tribunales del pueblo, etc.), que pueden a su vez ser *anónimas*, como una muchedumbre callejera, o *no anónimas*, como una secta religiosa.

Tal caracterización ya contempla al individuo como índice promedio, por el hecho de estar insertado en una masa. Pero, además, el alma de referencia posibilita hallar un *substratum*, como asevera Le Bon, o diversas *causas*, según Freud, a las infinitas propiedades observables en los átomos masivos.

---

[17]He acuñado los términos *Morfomasas*, *Topomasas* y *Dinamasas*, porque estimo que esas contracciones lingüísticas muestran claramente las intensidades que estoy explorando.

El *substratum* y las *causas* —lanzadas como "determinaciones estructurales" por apresurados divulgadores— eran (hoy serían insostenibles en bloque) el *sentimiento de invencibilidad*, el *contagio*, y la *sugestionalidad*, cuyos derivados estaban constituidos por la imitación conductal y actitudinal.[18,19]

---

[18]La idea de imitación que Brugeilles, Freud y los corifeos de la polémica Durkheim-Tarde le atribuyeron a este último, es ajena a su perspectiva. G. Tarde está preocupado por el pasaje de "semejanzas y repeticiones masivas, complejas y confusas a semejanzas y repeticiones de detalles, más difíciles de entender, pero más precisas..." (*Les lois sociales*, 1898).

La imitación en ese hervidero sólo tiene sentido en relación a la contra-imitación. Ambas son mecanismos no lineales, dispersivos y retroactivos que propagan innumerables comportamientos y dan cuenta de su influencia en la sociedad global, como lo demuestra en *Les lois de l'imitation* (1890).

Por otro lado, son inseparables de los procesos no equilibrados que "el señor Durkheim nos ahorra... Con él no hay guerras, genocidios, anexiones brutales. Se diría que el río del progreso discurre sobre un lecho de musgo, sin espumas ni saltos bruscos". (*Ecrits de psychologie sociale*, textos escogidos, 1973).

Resta agregar que la propagación citada está unida a la invención de instrumentos y técnicas ínsitas a la imitación misma. Es así que Tarde, pensador de la diferencia, no era para nada indiferente a las "revoluciones" que pululaban a su alrededor, todo lo contrario, como lo atestiguan sus propios términos.

[19]Para captar nítidamente ese magma infinitésimo y crea-

A partir de un sinnúmero de atributos Le Bon trata de postular una "ley psicológica de la unidad mental de las multitudes"[20] que sustantiva de manera adjetiva —valga la contradicción de una pretendida objetividad científica— los comportamientos imprevisibles de las muchedumbres heterogéneas.

En ellas medran los caudillos circunstanciales —que llama "agitadores"—, así como individuos, valores e ideologías que las guían durante largos períodos, de acuerdo con los modelos de "prestigio" que se han impuesto en esas turbas "volubles", "excitables", "crédulas", "inconstantes", "omnipotentes", "acríticas", etc.

De modo que quien desee "influirlas no necesita presentarle argumentos lógicos; tiene que *pintarle las imágenes más vivas*, exagerar y repetir siempre lo mismo". Y, como tampoco abrigan dudas sobre lo verdadero y lo falso, el bien y el mal, se puede concluir de esa apreciación (como lo difundió un famoso vocero "carapintada" en la Argentina) que "la duda es la jactancia de los intelectuales". Por eso

---

tivo, su distanciamiento de las totalizaciones clásicas, sugiero consultar el estimulante libro de Claude Javeu, *Le petit murmure et le bruit du monde*. Ed. Les Eperonniers, Bruselas, 1987.

[20] *Psicología de las multitudes*, libro primero, capítulo I. Los demás items que menciono se encuentran en distintas partes del texto.

es preciso captar siempre a la masa en su simpleza, en un estado de certidumbre "pura", *indubitable*, infantil. Todo queda abonado para que la ecuación *masas = regresión = infancia* sea el denominador común de las expresiones colectivas.

El único saldo que los *teóricos de las turbas* les dejan a éstas en oferta, es el de propiciar una pálida "moralización del individuo". Aun exaltándolas, Le Bon las hace trabajar para el átomo que las configura, nunca para las múltiples historias que roturan con esfuerzo.

Y como en sus análisis las multitudes no *hablan*, aunque vociferen y se desgañiten, permanecen sujetas al "poder verdaderamente mágico de las palabras" que pueden excitarlas o apaciguarlas al máximo, igual que la *sed* de ilusiones —contraria a la sed de verdad individual— que las impulsa.[21]

Entonces será totalmente lícito, cincuenta años más tarde, postular una absoluta identidad entre el alma de las masas primitivas y el mundo infantil (analogía de la que abusa estérilmente Freud en *Totem y tabú*) según la infeliz correspondencia con-

---

[21] Sería interesante indagar por qué la verdad, el amor, las ilusiones, etc., han quedado pegadas a una necesidad orgánica perentoria como la sed. Quizás descubriríamos que la verdad, el amor, las ilusiones, ese conjunto surreal, no pueden morir, si no sucumbiría el sujeto al que le faltan.

sagrada con tono definitivo por Lucien Levy-Bruhl en *El alma primitiva* (1947).

Anteriormente he resaltado "pintarle las imágenes más vivas", y podríamos agregarle el encomillado "poder mágico de las palabras", es decir, efecto directo sobre una multitud cualquiera del verbo conductor, porque esas atribuladas hipótesis se volvieron un lugar trillado para juzgar todo lo concerniente a la grupalidad misma.

Por otro lado legitimaron un método de *análisis in efigie*, un procedimiento de decodificación mediante secuencias de imágenes[22] en diferentes niveles de visibilidad (la congregación en una plaza o en una cancha de fútbol, una casta militar, una franja social urbana, etc.). Los distintos planos están, además, separados entre sí, concebidos como cortes efectuados en un movimiento continuo y lineal, tratados como *íconos irrelacionales* (rostros, paisajes, cuerpos, aglomeraciones de personas, plano de una mano, alguien que corre, etc.).

---

[22]Existe un lema muy publicitado y estupidizante respecto del valor absoluto de la imagen, que es "una imagen vale más que mil palabras". En ese *a priori* se desconocen varias cosas. Primero, que él mismo es un dicho, no una imagen. Segundo, se deja de lado el peso de imagen que le cabe a la palabra, ya que también lo es. Y tercero, se ignora la noción de imagen que se está manipulando, lo cual hace que la imagen se disuelva en lo que cada uno se imagina.

En suma, en el estrato morfológico, las masas, sus funcionamientos complejos, modos de existencia ramificados, de organización y disolución, conciencia o no de sus propósitos, logro o postergación en el alcance de sus metas, son consideradas como datos inmediatos, objetos que pueden ser percibidos cuando las condiciones en que se mueve el observador sean favorables.

Ejemplos de estas aprehensiones directas, por momentos salvajes, son la homogeneidad o heterogeneidad grupales, roles, liderazgos, presión a la conformidad, pautas de comunicación, armados dialectales en grupo, intercambios codificados y restantes "presencias" meridianas.

Junto a todas las discriminaciones que venimos haciendo, es necesario aclarar algo respecto del plano morfológico o *morfoeconómico* en Freud. A diferencia de sus antecesores, éste no se agota en la dupla visibilidad-invisibilidad. Está surcado por ella, pero es irreductible a sus juegos tensionales. Tiene una función bien particularizada: garantizar el pasaje entre las distintas secuencias metapsicológicas.

Enseguida de haber tratado, por ejemplo, las "masas artificiales" (cap. V), dice en *Otras tareas y orientaciones* (cap. VI): "nos quedaría aún mucho que investigar y describir en cuanto a la morfología de las masas". Y acota una sugerencia que es una línea metodológica sostenida tenazmente, donde afirma, "habría que prestar atención a las *masas de diversas clases*, más o menos permanentes, que surgen de *manera espontánea*, así como estudiar las condiciones de su *génesis y descomposición*".[23] A mi entender esta indicación revierte, con gran anticipación, la forma insuficiente y balbuceante de preguntarse sobre ciertos problemas que tiene la "grupología" actual. Sobre el final volveré a esta cuestión, remarcando algunas de sus posibles derivaciones.

Es entonces desde las fronteras del análisis morfológico que se da el peregrinaje hacia una dimensión que trasciende el campo, experiencias y observaciones empíricas.

Quizás un ejemplo (importante para inferir las acciones "serviciales" de los aparatos represivos) nos ayude a despejar ciertas cegueras de ojos abiertos que inyectan los análisis, cuando no propagandas, morfológicos.

Se trata de un mensaje elaborado por un ministerio argentino en el año 1988. Está basado en un esquema puramente imaginista alentado por una ideología primitivista y despreciativa de los eventos masivos.

Todos los canales televisivos, por orden de dicho ministerio, transmitieron durante veinte días, en las horas de mayor audiencia, los sucesos que

---

[23]Los subrayados son míos.

ocurrieron en esa límpida jornada de septiembre. La primera toma muestra un cielo que parecía copiado de una pintura naturista del siglo pasado. Ninguna nube empañaba la "región más transparente" y celestial.

Sin embargo, el espacio comienza a ennegrecerse desde abajo. Grupos inquietantes, caras ensombrecidas por las preocupaciones cotidianas, bocas torcidas por el grito, ánimos exaltados por reclamos laborales, siembran de negro multitudinario la plaza de las marchas, revindicaciones y denuncias de los poderes impotentes y desgobiernos gubernamentales.

Sube el tono de los cánticos, se vuelve más agudo el contenido de los estribillos y más exasperada la tensión de los gestos. La cámara *en mano* de un operador televisivo capta plenamente la excitación generalizada, los arabescos gestuales, sonoros, y el ritmo crispado de los constantes desplazamientos. Mientras, otra cámara *fija* describe, en un picado, el hormigueo de la muchedumbre.

El clima de posibles excesos y seguros desbordes ya está montado para el televidente azorado. Ese magma, ese mecimiento acompasado, busca provocar un estremecimiento en el espectador, condenado a ser un *mirón* contemplativo y un activo *juez* repudiador. Obviamente, un acontecimiento visto muchas veces debe repetirse de nuevo. Y de pronto sucede. Los *efectos* de tanta exaltación llevan, como por embudo, a un resultado desastroso.

La cámara resbala, sin cortes, por encima de cabezas de manifestantes, hasta un grupo de cinco o seis personas que arrojan proyectiles contra las vidrieras de una conocida sastrería. Las astillas de los vidrios se vuelven personajes de las distintas secuencias, marcadas y estetizadas por un *ralentti* inacabable. Un gran primer plano de las esquirlas vidriosas las arroja contra la mirada atónita del público. Otro muestra el saqueo de todas las ropas y objetos en exhibición.

Durante el robo se evidencia perfectamente, en la grave y educada voz del locutor, que lo robado no tiene relación alguna con las "necesidades de los delincuentes", "elementos extremistas" y otros derivados de la *rabiosa* congregación contemplada por todos.

Es indudable, entonces, que una cosa (masa) lleva a otras (efectos-masa), siendo además la primera *causa* de las segundas. Y éstas, a la vez, son eficaces e irrebatibles *consecuencias* del estar agrupados, ya que "la verdad entra por los ojos", "los ojos de cualquiera pueden vivenciarla" y, finalmente, "una imagen vale más que toda palabra" (sic), por lo menos en un país que venía de silenciar *toda palabra* y de alentar más de una *imagen* genocida.

Justo en ese momento la lógica de este montaje imaginario manifiesta su debilidad constitutiva, pues la causa que explica el conjunto no necesita ser explicada, sólo basta "pintarla mediante las imágenes más vivas" —como diría Le Bon— para inducir en los individuos que las absorben las creencias más sólidas, es decir, *solidificadas* de antemano acerca del significado y los resultados que apareja la *masificación*.

La cámara alterna exactamente una toma de la gente reunida, que intensifica momento a momento la temperatura de la plaza, con otra de los salteadores que se apoderan de trajes, aparatos, zapatos y hasta de los mismos maniquíes a gran velocidad y con una "desinhibición" envidiable.

Mientras tanto, la voz del locutor remarca de manera monótona, indiferente, que era previsible que tanta "emoción" llevara a una obligada pérdida de límites. Sólo bastaba una chispa para que la multitud pusiera en marcha su "esencia" transgresora, su "sentimiento de invencibilidad", y el absoluto desconocimiento de lo prohibido y lo permitido.

El deslizamiento del espacio público al comercio privado convertido en añicos, es dado mediante un encadenamiento televisivo que eslabona escenas previas de amontonamientos, empujones, luchas por el territorio cercano al palco, etc., y posteriores, visualmente, de robos y destrozos que reflejan con innegable tele-evidencia los corolarios de dejar librado el "instinto de la horda" a sí mismo.

Tiempo cronológico, encabalgamiento causal de la sucesión, lógica vulgar de antecedente y consecuente, etc., son el corazón —y su falta— del enfoque "morfológico" de las masas y su correspondiente imaginario destructor.

Lo compacto de sus acciones, producto de la *compactación* (metáfora que siempre las acompaña), es germen de una incontenible *depredación*. Por eso había que rogar, y ello hacía el locutor, que las fuerzas del orden restaran movilidad a la multitud, o sea que la *desmovilizaran,* encaminando a cada uno hacia la "edad de la razón" (la única democrática), hacia su *propiedad,* el refugio íntimo y familiar, otra de las figuras de la reclusión padecida durante tantos años.

Tiempo después se comprobó, y fue muy difundido por la prensa escrita, que el video había sido distribuido por el Ministerio del Interior, con la calificación de "exhibición obligatoria" cada media hora en todos los canales de televisión existentes.

Por otro lado los saqueadores no eran "efectos" de ninguna "causa" observable, pues fueron reconocidos como agentes empleados en organismos de (in)seguridad estatal. Eran "trabajadores efectivos", uno de ellos célebre torturador, ligados a un terrorismo institucional, mediante jugoso presupuesto, y manejados con maestría individual por un enigmático caudillo de porcelana.

Topomasas. Punto de vista tópico

Su núcleo es el quinto capítulo de *Psicología...* Allí se traza el perfil de dos instituciones tradicionales, la Iglesia y el ejército, cuyas similitudes son parciales y sus diferencias estructurales.[24] Ahora, en la mira de la investigación se hallan las masas con conductores jerárquicos, dotadas de estabilidad y larga permanencia temporal, de un alto grado de organización (señalado por Mc Dougall) unidas por coacción externa, etc.

---

[24]Sería mejor decir la Iglesia cristiana (otras rehúyen esa caracterización plena) y los ejércitos. A propósito de éstos Freud señala el fenómeno del "pánico" y la "angustia pánica" que propone estudiar en dichas masas y que ocurriría cuando "ya no se presta oídos a orden alguna del jefe y cada uno cuida por sí sin miramiento de los otros". En esta transparente indicación se olvida por completo un pequeño detalle. En la guerra, además de los jefes militares existe el enemigo, situación totalmente distinta a la de las angustias neuróticas. Marco esto como limitación del uso de las fuentes. Freud se basa, al tomar el ejemplo del general asirio Holofernes, en la parodia *Judith* de Nestroy, y no en el drama homónimo de Hebbel, ni en libros estratégicos, relatos, o documentos militares. De hacerlo hubiera llegado a conclusiones más matizadas.

Se trata de *artefactos*[25] simbólico-funcionales socialmente sancionados y no caprichosamente reinventados en cada intervención ocasional. Están revestidos por distintas formaciones ideológicas que coexisten y pugnan por darles una orientación determinada.

Además mantienen relaciones muy complicadas con el estado y los manejos de gobierno. Así están parcial o globalmente incluidos en el presupuesto, en los planes de educación, en los arbitrios, en la defensa y negociación territoriales o en las modalidades de un estilo de vida (occidental y cristiano, oriental taoísta, musulmán desperdigado, etc.), les caben tales o cuales prebendas, y hacen a la misma gobernabilidad del sistema.

Todos esos parámetros son capitales para concebir las masas desde un andarivel tópico, de otra manera quedan rápidamente *imaginarizadas*, *percibidas* (regresión a un nivel estrictamente morfológico) de acuerdo con las proyecciones, cuando no alucinaciones, personales. O para decirlo inequívocamente: quedan groseramente *psicologizadas*.

Los elementos que apunté previamente también hablan de otra cosa, manifiestan que existe una *suposición no discursiva* de los aparatos de poder en el nido mismo de esas grandes instituciones, aun-

---

[25]Recalco este término porque incorpora una dirección imprevista en la comprensión del tema.

que dicho *supuesto* pueda desaparecer o ser relativizado cuando se realizan sus génesis o genealogías históricas y conceptuales.

En este sentido, las "Künstliche Massen" de Freud son más *artefacticias* o *artefactos* —como se propuso antes— que "artificiales" o "artificios".[26] Que sean básicamente "aparatos" y no sólo "ilusiones eficaces", o "construcciones cegadoras" de los sujetos ensamblados por *lo igual*, exige los componentes ideológicos que unen a los individuos, las estrategias de agrupamiento y organizativas, los pactos confesos o sobreentendidos, el malentendido de

---

[26] *Künstliche Massen* ha sido traducido habitualmente por "masas artificiales". Éste es, ciertamente, su significado próximo, pero también otros le son muy cercanos e impregnan los usos terminológicos, como "artefacticio" (*erkunstelt*) o arte-facto; significado vecino de lo que en alemán se entiende por artificio, tan válido como el de "artificial", para nombrar las formaciones de masas. Con el agregado de que al arte-facto le cabe perfectamente una tecnología (*Künstlehre*), supongamos de poder o de modos de subjetivación, aplicados a él. De ahí que estimo más conveniente mencionar a ambas instituciones como "artefacticias" que como "artificiosas".

En castellano, por otra parte, lo "artificial" se incluye velozmente en el universo de la ficción, lo ficticio, lo ilusorio, familia que, a su vez, resta atrapada incorrectamente en la noción de imaginario. Un análisis, que sobra aquí, mostraría más las disparidades que las concordancias entre todos ellos, y la imposibilidad de atribuirles el rasero de lo imaginario.

sus acciones, los mitos y ritos congregatorios, las reglas de pertenencia, etc.

En realidad Freud intuye el problema, haciendo una apreciación sobre el ejército, pero lo esquiva en función de lo que le importa resaltar, el "descuido" del factor libidinoso que "parece constituir no sólo un error teórico, sino un peligro práctico". Antes había reconocido, con gran intuición crítica, que podría "objetarse con justicia que esta concepción de la estructura libidinosa de los ejércitos se desentiende de las ideas de Patria, Gloria Nacional y otras tan importantes para su cohesión".

Sin embargo, ese pseudo-reconocimiento, ya que no extrae consecuencias libidinales de tales aspectos, parte de un equívoco argumental. "Patria" o "Gloria Nacional" pueden ser sintagmas cristalizados, sin resultados operativos ni cohesivos. Y no especialmente organizadores ideológicos —cualquier categoría no lo es— que es preciso relevar en cada situación particular.

Algo sustancialmente distinto es la "idea rectora", por ejemplo, la de Cristo para la conservación duradera de la Iglesia cristiana en sus diversas versiones, sus dogmas, sus rituales, y el significado trascendente que posee una de sus principales ceremonias (la transustanciación durante la eucaristía), importante para esclarecer una faceta más del problema de las identificaciones. Me gustaría añadir otros dos matices de la "idea rectora" que hace al sentido simbólico del liderazgo religioso tratado por Freud y al destino fideístico de los creyentes.[27]

El cristianismo es una religión confesional y de salvación. Libera el pecado por la palabra, de modo que ésta, a través de su verbalización y su dramatización penitente, pone de relieve al yo del sujeto pecaminoso de una manera singular, o sea: bajo la renuncia y el sacrificio de sí.

Aspectos que el psicoanálisis no puede descuidar, porque su "sujeto", en lugar de "renunciar" a alguna cosa, parecería recuperar sus avatares para potenciarlos en una dirección deseante. Éste es el primer matiz.

El segundo es un atributo central del liderazgo que atraviesa toda la historia del cristianismo y al que el texto freudiano no alude en ningún momento.

Más allá de regir, imperar, conducir, la "idea rectora" *une* (excluyendo a los que no entran) dos

---

[27]Las observaciones y puntuaciones —no las inferencias respecto de la omisión psicoanalítica del tema— que siguen a continuación se apoyan en tres fuentes principales. Una es la *Histoire des religions 2* ("*Formation des religions universelles et de salvation*"), elaborada por varios autores y editada por Gallimard en 1972. Otra es el texto fundamental, insuperado hasta hoy, de M. Goguel, *La naissance du christianisme* (París, 1946), y la tercera incorpora las elaboraciones del último Foucault.

polos y sus cualidades, el Dios-Pastor y su Pueblo-rebaño. Así, el Pastor Divino debe asegurarle a su grey popular varios asuntos.

Primero: una tierra donde "apacentar". Segundo: una conducción que deje como remanente un orden legal que organice en *ausencia* al rebaño. Tercero: debe afianzar la salvación de sus seguidores. Cuarto: el poder sobre el rebaño no es *opcional* sino un *deber* (el pecado de desobediencia en la iglesia no es anecdótico) que se ejerce por el bien y la purificación del rebaño. El poder del Pastor y la obediencia de sus ovejas son una dupla que da las notas esenciales de generación y reproducción de la *persona* cristiana, su control y resignación.

Las convergencias y divergencias, acuerdos y disensiones, que se puedan tener respecto al planteo freudiano sobre la grupalidad, son innumerables. Todos ellos atendibles. Por mi parte querría dejar sentado un desacuerdo, relativo a un asunto de tránsito hacia la última escala metapsicológica.

En los dos "artefactos" cada miembro tiene una doble vinculación libidinal, que se dispersa en varios puntos, con "el conductor y con los otros individuos de la masa". Sobre este cimiento se alzarán las identificaciones y la conocida fórmula con que rubrica el capítulo "Enamoramiento e hipnosis". No intento desarrollar la complejidad de los procesos identificatorios —pues son indagados en otro lado[28]—; busco, en cambio, mostrar lo innecesario de ciertos atajos.

Cuando los individuos se han identificado entre sí y con el conductor, la exposición apela a un "mito científico" en el que habían abundado Darwin y sus seguidores. Ya la posición de W. Trotter (*Los instintos de la horda*, 1916), basada en la analogía entre el mundo animal y el humano, como continuador del "gregarismo" animal, le había dado pie a Freud para modificar, con una leve conmutación lingüística, y una inmensa conceptualmente, el enfoque protohistórico de Trotter, "según el cual el ser humano es un *animal gregario* (Herdienter)",

---

[28]Para retener un ángulo de la idea de identificación, abierta desde los fenómenos colectivos, remito al *Devenir II: El Laberinto de las Identificaciones*. Por él se inhibe la división tajante del proceso identificatorio y sus "síntomas", de sus velocidades y sus necesidades de captura —que deben alternarse sin ser categorizadas—, en función de tomar una vía que lleve a lugar seguro.

La noción de *síntoma*, todavía poco elaborada, salvo cuando se la ubica en ciertas estrucutras, implica la unificación de *haces móviles* en el marco de una semiología explícita o implícita.

Por otro lado, ¿cómo sabemos que "esto es síntoma de..." cuando salimos del plano de la evidencia? ¿No podría tratarse, en cambio, de una *huella*, una *marca*, una *estela*, puros devenires singulares de un acto específico y a-sintomático? Merecería pensarse, sobre todo, a partir de la "materia" que brindan los "dislocamientos", "disfunciones" (¿patologías?) de los *cuerpos lisos* actuales.

mientras aquél dirá "que es más bien un *animal de horda* (*Hordienter*) el miembro de una horda dirigida por un jefe".[29]

El abordaje protohistórico del gregarismo ahora es "superado" por la instalación mítica de la horda primordial, o sea, por la renovada imposibilidad[30] de ofrecer una explicación científica[31] más consis-

---

[29]Siguiendo distintos cursos y modificaciones de *la letra*, ajenos a cualquier ocurrencia o golpe de ingenio, son elaborados los textos de *Ensayos sobre el pensamiento sutil*.

[30]El capítulo décimo de *Psicología de las masas*, que tomo como referencia, es una condensación de lo desarrollado en el cuarto ensayo de *Tótem y tabú*. Y para estimar el "fracaso de *Tótem y tabú*", dice Lévi-Strauss, "era necesario ver que los fenómenos que ponían en juego la estructura más fundamental del espíritu humano no pudieron aparecer de una vez por todas: se repiten por entero en el seno de cada conciencia, y la explicación que les corresponde pertenece a un orden que a la vez trasciende a las sucesiones históricas y a las correlaciones del presente. La ontogénesis no reproduce a la filogénesis, o lo contrario". *Las estructuras elementales del parentesco*.

[31]Al respecto dice taxativamente Lévi-Strauss: "Sólo se puede hablar de explicación a partir del momento en que el pasado de la especie vuelve a jugarse, en cada instante, en el drama indefinidamente multiplicado de cada pensamiento individual, porque, sin duda, él mismo no es más que la proyección retrospectiva de un pasaje que se produjo, puesto que se produce continuamente". Entonces, "lo que hace a Tótem y tabú inaceptable como interpelación de la prohibición del incesto y sus orígenes: gratuidad de la hipótesis de la horda de los machos y del asesinato primitivo, círculo

tente, adoptando un punto de partida viciado. Veamos un poco el asunto.

En primer lugar, con la utilización del mito, se introduce un aparente dualismo ("pues desde el comienzo hubo dos psicologías") producto de la "transparencia" irrefutable que parece destilar dicho relato; cuando en realidad se trata de la verosimilitud impuesta por un discurso exitoso, el de Darwin.

En segundo término hay un escamoteo, que consiste en lo siguiente: del mito de referencia se desconocen absolutamente sus *ritos*, sin los cuales aquél desaparece. Entonces tampoco se trataría de un mito, sino más bien de una *leyenda* transmitida a través de textos disciplinarios.

Finalmente, lo anterior justificaría una afirmación opuesta a la que realiza Freud, que impide, precisamente, "la reconducción de la masa a la horda primordial", tanto metodológica como conjeturalmente.

La "conjetura" (así llama al mito de acuerdo con la arqueología epocal), al revés de su creencia, invalida la *analogía* totalizante, la muda correlación entre masa y horda primitiva, jefe de la horda, e hipnotizador, conductor de masa y padre primordial. Y, también, desaconseja volcar el mito

---

vicioso que hace nacer el estado social de los procedimientos que lo suponen". *Idem.*

sobre las situaciones actuales y venideras de un solo golpe, *naturalizando* un ídolo que desnaturaliza
su propio y recóndito origen.

En él habita el "padre primordial de la horda",
que todavía no es inmortal o *muerto simbólico*, "como pasa a serlo más tarde por divinización". Este
momento, que no es bíblico o paradisíaco —caso
de Adán, padre retoño—, aglutina a los sujetos de
manera filogenética a partir del asesinato primige-
nio de sus hijos, saturados de sus "celos sexuales",
"intolerancia", por haberlos condenado a la "absti-
nencia" y a la "psicología de masa".

Todo un torturador. Así la ontogénesis repro-
ducirá
eternamente ese parricidio original, pues los individuos no serán lo contrario de la masa, sino los
albaceas de su especie, y del asesinato considerado
como una de las "bellas artes" psicoanalíticas.

A su vez el *padre muerto* se convertirá en la
imago de los padres concretos, líderes, conductores o de cualquier instancia superior. Los argumentos, que insisten de manera recurrente, tienden a
encontrar paralelos con ciertas bases que sustenta-
rían los fenómenos patológicos: sobre todo el *narcisismo*[32] que diseñaría, para muchos grupoanalistas,

---

[32]Dice Freud en el capítulo que nos ocupa: "La fijación
de la libido a la hembra, la posibilidad de satisfacerse sin
dilación y sin almacenamiento, pusieron fin a la significati-

las "configuraciones grupales" más ocurrentes, así
como las técnicas de abordaje y tratamiento psico-
terapéutico.

Por lo que vengo destacando pienso que el mito
de la horda primordial es un espejismo, una fasci-
nación suprahistórica que vicia la comprensión analítica de los sucesos colectivos. Y ello por algunas
razones.

Primera. Se desliza como un principio evidente
la *unificación* retrospectiva de las diferencias que
se dan en todo grupo o complejo viviente.

Segunda. El servicio de la *imago* del "padre
muerto"[33] es casi nulo para determinar los roles,
funciones, acciones, etc., que efectúan los padres,
líderes, coordinadores, *actuantes* y *reales*. Se cae,
de esta forma, en una "simbólica" tan intemporal
como vacía, aunque sea recuperable en un aspecto,

---

vidad de las aspiraciones de meta inhibida e hicieron que
el narcisismo fuera incrementándose en esa misma medida".
Una observación religada en el clima de un mito se toma un
comienzo metodológico. Podríamos aseverar que nos encontramos ante una coherente ironía de los orígenes, donde las
nociones de *comienzo* y *origen* se esgrimen como absolutas
unificadoras, transparentes, sin marcas ni cortes. Es decir,
como *principios* donde no opera ficción alguna.

[33]Es corriente esgrimir esa imago como una hipótesis.
Sin embargo parece no serlo pues no admite ninguna verifi-
cación. O se verifica en todos los casos sin excepción, lo cual
es lo mismo.

como *huella* de una ley que opera más allá de lo imaginario.

La *tercera*, que deseo resaltar especialmente, es la inclusión apresurada del mito de la horda en el ámbito de las operaciones y reflexiones terapéuticas, así como en el de las elucidaciones casuísticas. El psicoanálisis ha buceado técnica y clínicamente el *proceso de idealización* de algo o alguien al que se otorgan todos los atributos de la perfección, con las previsibles consecuencias de supresión de la crítica hacia el objeto amoroso por la sobreestimación sexual del mismo. Así se generan en el sujeto, por sedimentación, esos estratos supraterrenales como el "yo ideal", el "ideal del yo", etc., vías regias para la formación del narcisismo, que es sólo una de las tantas líneas de fuga a tener en cuenta cuando hablamos de la "formación de ideales" (éticos, estéticos, políticos) en un sujeto.

De este modo, comprobamos que el proceso de idealización, tal como ha sido buceado por la práctica psicoanalítica, hace prescindible por completo el mito discursivo de la horda primordial, retomado por Freud y por algunas orientaciones contemporáneas.

Y, para terminar, una acotación de Levi-Strauss. Sugiere acertadamente que el psicoanálisis, cuando profundiza en los conflictos del enfermo, con el fin de rehacer su historia y ubicar la situación inicial de las consecuencias actuales, sigue una ruta distinta a la de *Totem y tabú*, ya que "en un caso, se va de la experiencia a los mitos y de los mitos a la estructura; en el otro, se inventa un mito para explicar los hechos; para decido todo, se procede como el enfermo, en vez de interpretárselo".

Bueno, después de estas discordantes indicaciones, estamos en condiciones de atravesar el último sendero.

Dinamasas. Punto de vista dinámico

La perspectiva que traza el undécimo capítulo del libro, *Un grado en el interior del yo*, redondea el ciclo de un movimiento sujeto a su propia diferencia, a ser, por definición, inconcluso.

Diseminación

El capítulo despega con el reconocimiento de una *complejidad* —desarrollada al inicio de este trabajo— que es resumida ante la necesidad de resaltar la *conexión permanente que existe entre los procesos libidinales y los niveles institucionales y organizaciones, formales e informales*.

Si hay una hipótesis realmente fuerte, sin duda es ésta. La situación es caracterizada de este modo, "si, teniendo presente las descripciones —

complementarias entre sí— de diversos autores sobre *Psicología de las masas, abarcamos en un solo
panorama* la vida de los individuos de nuestros días
(quiere decir que los "panoramas" deberían variar
con las épocas), acaso perderemos el coraje de ofrecer una exposición sintética, en vista de las *compli-
caciones que advertimos* (redundemos: la complejidad fue advertida)".[34]

Entendemos, ahora, que los englobamientos y
reducciones aparentes respondían a una *economía*,
también expositiva. Ella encarrilaba el discurso
freudiano, no su pensamiento, trascendente a lo
meramente explicitado. No resulta extraño, entonces, que en ese momento se plantee "el asombroso
fenómeno"[35] de aquello que "desaparece sin dejar
huellas", lo que fue nominado como "desarrollo individual". Es el *acontecimiento* que torna lábiles y
movedizos los límites entre una *psicología social y
una individual*, sin caer en fusiones inmediatas, ni
en una cómoda explicación filo-ontogenética.

Sólo "pierde buena parte de su nitidez", de su
razón divisoria, cuando se exploraron todas las direcciones posibles, que eluden *la noche donde todos*

---

[34]Los subrayados y agregados son míos.

[35]Se refiere, en una primera instancia, al trueque que hace el individuo de su ideal del yo por el ideal de la masa. Pero
enseguida la corrige para introducir una diferencia sustancial: "Lo asombroso, agregaríamos, a manera de enmienda,
no tiene en todos los casos igual magnitud".

los gatos son pardos, puesto que la amalgama entre
una y otra psicología no gesta una nueva, sino que
invalida a ambas en pro de un enfoque metapsicológico. Esta transformación provoca desbordes permanentes de "lo individual" y "lo social" en figuras
diseminadas, lejos del equilibrio al que las somete
el análisis más acostumbrado de esas nociones.

El "asombroso fenómeno" sigue su curso. Permite hacer una "enmienda"[36] del mismo y de la afirmación taxativa con que culminaba *Enamoramiento e hipnosis*, cuando *muchos individuos* ponían un
objeto en lugar de sus ideales del yo, por lo cual
se habían "identificado entre sí en su yo".[37] Pero lo
que sorprende a Freud es que la premisa citada necesita ser "enmendada", rectificada, pues descubre
que "no tiene en todos los casos igual magnitud",
la misma fuerza material asignable a todos los seres. En ciertos individuos la "separación", que no
es una mera *división*, entre su yo y su ideal del yo
es mínima, donde "el yo ha conservado a menudo
su antigua vanidad narcisista".

En otros la brecha es enorme. Todo indica que

---

[36]Vocablo que gusta emplear Freud. Evoca a Kant, las
modificaciones que es necesario e impostergable realizar, y
las provisoriedades con que se topa un conocimiento nacien-
te.

[37]Esto muestra, según mi apreciación, la necesidad de
una exploración específica de las identificaciones, y su im-
plicancia social-histórica.

es este proceso de "*diferenciación* (por eso decía que no se trataba de una simple *división*[38]) entre el yo y el ideal del yo", el "doble tipo de vinculación así posibilitado, identificación e introducción del objeto en reemplazo del ideal del yo", es lo que se trata de seguir en sus más recónditas huellas.

En definitiva, hay que estudiar sin dilación la función de lo *desvinculado* (*Entbindung*) —ya preanunciada en el capítulo sexto—, el espectro de sus dispersiones y conexiones, para un saber más afinado de la grupalidad. Esto demanda cambiar urgentemente los planos de análisis y los marcos categoriales perimidos, así como los ejes y modalidades de preguntarse sobre distintos aconteceres sociales e históricos.

Entre ellos, el del mismo sujeto, su estatuto, historicidad, acerca de las formas modernas de subjetivación, de sus sofisticadas tecnologías y la constante producción de subjetividades que hace tiempo abandonaron el reclusivo hogar edípico. Obviamente, éste es un plan para continuar en futuras indagaciones, aunque ya avanzado en algunos trabajos de autores cercanos y lejanos geográficamente.

A pesar de lo andado es menester internarse un poco más a través de fluctuaciones inquietantes, propias de los sistemas dinámicos que circulan entre el yo y el ideal del yo, fuera de las *descripciones*

---

[38]Subrayado y añadidos míos.

dinámicas, tan mecánicas, y de la representación como garantía sepulcral de un conocimiento "claro" y "distinto".

Creo que éste es uno de los desafíos legados por Freud al psicoanálisis, pensar la separación-diferenciación más allá de las categorías de *mediación, integración, relación, correspondencias puntuales, correlaciones analógicas, etc.*, pero dentro de la positividad específica que *lo desvinculado* instaura, sean órdenes desconocidos o variantes inéditas que, a falta de otros términos, seguirán rotulándose con los de caos, azar, desorden, siempre portadores de temibles y atrayentes connotaciones, aunque sean, en verdad, formas de "orden complejas, ultrasensibles y sutiles", como aclara E. Laszlo.

Son ellas y no otra cosa lo que habrá que estudiar, la diferencia en sí misma que se constituye en ese tiempo de nadie, entre el yo y el ideal del yo (o *entre* cualquier polaridad establecida), y no sus puentes, ya que el *entre* mencionado no une ni desune elemento alguno; más bien es la estela que deja todo lo viviente, precisamente, porque es movimiento.

A partir de esto, si todavía podemos hablar de relaciones, es porque son de neta "incertidumbre"; lo cual plantea un enorme problema al asunto de las relaciones-mediaciones tal como eran concebidas tradicionalmente.

Entonces parecería que, desde una teoría del inconsciente, esa *fisura* diferenciante y desvinculante debería ser asumida con todas las consecuencias que trae aparejadas, en particular para la formulación del "sujeto psíquico" y sus dominios exclusivos. Estos, en el momento dinámico, sufren extrañas perturbaciones por la irrupción de nuevas pertenencias y envolturas.

Freud describe así el giro imprevisto, "cada individuo («un ello psíquico desconocido e inconsciente»)[39] es miembro de muchas masas, tiene múltiples formas de vinculación identificatoria y ha edificado su ideal del yo según los más diversos modelos. Cada individuo participa, entonces, del alma[40] de

[39]Cita intercalada por mí, extraída de *El yo y el ello*. Una acotación lateral al respecto. Dejo de lado provisoriamente el tratamiento del superyó, una de las "servidumbres" del yo, en principio porque Freud no lo introduce en *Psicología de las masas*, y después por un motivo más importante, su utilidad para las cuestiones de la grupalidad es más que relativa y equívoca.

[40]Freud usa todavía la noción de "alma colectiva" de Mc Dougall que los "psicólogos de las masas" ya habían abandonado. Ello le valió la incisiva crítica de Hans Kelsen (*El concepto de estado y la psicología social*, 1922), quien le imputaba haber "hipostasiado", sustancializado, un "alma" (*Seele*) a las masas. A pesar del arcaísmo empleado, la crítica de Kelsen pasa por alto dos aspectos relevantes. El primero es que el "alma" tiene sentido en relación con la libido, y desde ésta no se transforma en sustancia, sino en lo que ani-

muchas masas: su raza, su estamento, su comunidad de credo, su comunidad estatal, etc.".

De este modo la noción de sujeto psicoanalítico sufre una transformación significativa, cambiando en una escala que no puede esquivarse durante el acto clínico, aunque tal mixtura deba ser desmontada pieza por pieza en ese quehacer.

Lo saliente es que aquél se va deslizando y queda marcado por múltiples pertenencias, creencias, reglas de juego, formas de participación, posiciones respecto a los códigos y costumbres, que sobrepasan los esquemas interaccionales y comunicacionales, estrategias de ubicación, realizaciones performativas, trazos morales de sus acciones, y un sinfín de aconteceres. Todo ello son balizamientos que indican que el sujeto no es sólo un "sujeto del discurso" o "estructural".

Surge, por decirlo de alguna manera, una multiplicidad de sujetos en "uno mismo". Ese espectro dispara la posibilidad de moverse *entre* distintos instituidos, desparramando algunas semillas de lo que puede crecer *entre* ellos, incluyendo sus *desujetamientos* parciales.

---

ma, mueve los fenómenos colectivos. El segundo muestra, según el párrafo que estoy señalando, que el "alma", más que un sustrato o cosa parecida, es un *compositum*, formado a través de los elementos heterogéneos que la componen.

Las distintas usinas institucionales, organizacionales, las armadas por el poder político y la argamasa comunitaria, moldean, en un sentido fuerte, a los individuos que se comportan de acuerdo a los "más diversos modelos". Pero los *modelan* cojamente, ya que funcionan como máquinas fallidas (crisis, hambrunas, derrumbe de las creencias "pilares" de la representación política, gnoseológica, figurativa, velocidad de las inserciones profesionales, rotaciones fulgurantes de la ocupación laboral, educativa, tecnológica, autonomización progresiva del estado de sus gobernados, etc.), produciendo grietas por donde los sujetos aventuran opciones y modificaciones destellantes o imperceptibles de lo instituido, de acuerdo con sus potencialidades deseantes.

Enfocando el tema desde un ángulo complementario del anterior, vemos que el sujeto *estalló*, a la inversa de lo que se afirma comúnmente, en su mismo *núcleo* y se *redistribuyó* en órdenes materiales y reales no cuantificables. Esa distribución a su vez se convierte en un nivel de análisis específico, distante de apreciaciones caprichosas y de las "asociaciones libres" que abundan tanto en el negocio de las opiniones sobre todo y nada.

Sin embargo, aún subsiste otro problema. El psicoanálisis estipula que la constitución del sujeto debe darse a partir de una *escisión* (*Spaltung*)

fundante,[41] de la imposibilidad de un comienzo uni-
ficado, sincrético. La prescripción obedece a las distintas lógicas que rigen los *sistemas* inconsciente y
preconsciente-consciente. Siguiendo ese hilo metodológico, debemos aceptar las derivaciones de un
postulado tan macizo.

La *escisión* sería, entonces, dependiente de la
multiplicidad de lógicas ejercidas pasiva y activa-
mente, por estar envuelta desde la raíz en vincu-
laciones colectivas, sea en el estrato que fuere. De
manera que *la* lógica de *el* sujeto, o la de *el* individuo, no son sólo un problema mal planteado, un
dilema, sino una contradicción en los términos. La
multiplicidad de lógicas y sus nombres precisos (in-
consistente, borrosa, polivalente, inadecuada, mag-
mática, etc.), según la elección de la perspectiva,
entrañan un desafío real, que avanza desde un porvenir, también pasible de ser inventado.

Los sujetos como tales son, así, los actores de
complejos modos de subjetivación, de la eficacia o
ineficacia con que los habitan, de los encabalga-
mientos e instrumentos con que cada proceso social-

---

[41]Carácter que, en otro sentido, tampoco está ausente del
sujeto llamado clásico. Pongo sólo un ejemplo, el yo pasivo y
el activo, el sujeto de hecho y de derecho, en Kant. Respecto
de la multiplicidad de lógicas en danza, vuelvo a reiterar
su necesidad, p. ej., para abordar la problemática de las
identificaciones.

histórico produce subjetividades tatuadas con dibujos singulares, esfumados.

En fin, ha llegado el tiempo de concluir. El panorama pintado por Freud deja traslucir los colores de sus aciertos y limitaciones. Y, simultáneamente, con él lo que *en él* y en un vasto psicoanálisis no pudo ser pensado, gracias a lo cual nosotros pensamos lo que podemos. Este es el punto de intersección que *actualiza* "Psicología de las masas", lo excusa de ser un mero testimonio o simple documento de época, porque desde sus circuitos y cortocircuitos emerge un cambio sideral.

La declinación del movimiento metapsicológico revierte de forma sustancial la pregunta acerca de lo que cohesionaba a los grupos, instituciones y demás conjunciones.

Ahora los interrogantes disyuntivos serán: ¿cómo se *desvinculan* las formaciones colectivas?, ¿qué mecanismos las tornan *invisibles*?, ¿de qué modo se *disuelve* la grupalidad?, ¿bajo qué ideas, conceptos, instrumentos, se podrán investigar esos fenómenos?, etc. Cuestiones de peso, insoslayables, pues hacen entrar en el corazón mismo de las *representaciones* organizadoras y capitalizadoras, la potencia irrepresentable de la evolución dispersiva, turbina vital, arrojada desde sí misma hacia nuevas *constelaciones*, a veces consoladoras, a veces sobrecogedoras.

Una ilustración (relevante para la memoria que se quiere democrática) puede sernos útil en el intento de reflexionar sobre lo desvinculado-desvinculante, su caída del campo representacional, su lugar medular en la socialidad y en la irrupción de una *dramática colectiva*, donde, al igual que en las fiestas, siendo todo lo contrario, se da una brusca "suspensión del ideal".

Por sus conductos fluye un clima terrorífico que la población asimila como una tenaz llovizna, mientras el poder político echa mano de un recurso gastado, el de "la presencia de activistas de organizaciones de ultraizquierda", cuando en realidad eran de ultraderecha, "nacionalistas de cartón" según los diarios. Tales "activistas" eran los "preparadores de posibles desbordes sociales". La técnica, muy trillada, consiste en denunciar un "chivo emisario" *antes* de su existencia, es una manera *presente* de crearlo, para asegurar su *futuro* exterminio. Ya la había ensayado Hitler hasta el cansancio y, previamente a él, la publicidad política y de bienes norteamericana, de donde copió sus modelos propagandísticos. Esto muestra, desde otra cara, cómo los "factores de decisión" quedan atrapados en las formas de representación que han hecho creíbles, cuando para la mayoría ya son absolutamente increíbles.

Una tarde comienzan a estallar las noticias por radio, televisión, prensa, etc. La preanunciada "explosión social" se manifiesta con toda su furia y velocidad arrasadoras.

Lo que en esos instantes era "palmario", "incontestable", "irrepresentable" ("no podemos, ni por un minuto, representamos tanta furia, un resentimiento que nos deja sin palabras... "), hacía mucho tiempo que había acontecido, tal como la explosión de estrellas, que admiramos noche a noche, suponemos ha ocurrido hace más de cuarenta mil años, sólo que ahora estamos ante el hecho perceptual de sus luces. Y, como aquellos relámpagos sociales, no semejan, precisamente, las "luces de la razón".

Los supermercados, grandes y pequeños almacenes, son asaltados y saqueados —con gran ingenio en muchos casos— ante el estupor de dueños y empleados, frente a la actitud "meramente persuasiva" de la policía, la gendarmería y demás agentes oficiales y extraoficiales del orden, quienes contribuían, a su manera, con el "caracazo" local.

Muchos de sus miembros, cuando finalizaban el turno de trabajo, se adherían espontáneamente a los saqueos, sin importarles demasiado si eran reconocidos o pasaban inadvertidos. De cualquier modo sabían que, en un régimen de impunidad instaurado desde arriba como en la sociedad argentina, siempre *uno más*, en los eventos de esa magnitud, es casi siempre *uno menos*, en cuanto a la autoría de los hechos.

En ningún momento el pánico atravesó a los sectores en pugna o a los grupos que seguían o apoyaban las acciones. *Entre* ellos fluyeron otras cosas. Por el contrario, el pánico sacudía a los espectadores hogareños, que auguraban una represión global, un reinado imperioso del caos, ya que el ataque se desarrollaba en el propio riñón propietario, sin distinción de pelajes ni magnitudes. Salvo escaramuzas, forcejeos y carreras *nada* sucedió.

Sin embargo, *todo* sucedió ahí, con una simultaneidad abrumadora, aunque no pudo ser aprehendido, capturado, entendido. Se quebraron los vínculos cotidianos, las ceremonias de reconocimiento, los rituales del conocimiento de las mercancías, los gestos cómplices, las anécdotas compartidas, la confianza en el *próximo*, las preocupaciones por el estado de salud y la salud del estado, las preguntas que el buen vecino dirige necesariamente a la gente de su entorno, etc.

De ahí que un merodeador ocasional de esos inmensos bolsones de miseria dijera "hay algo, uno olfatea el aire y hay algo. No es sólo la pobreza, la falta de trabajo...", no sólo lo que podemos concebir como antagónico de la *riqueza* (antagonismo que lleva a valorar todo en términos de envidia, o sea: psicologísticamente), encarnada en los ricos, o de una carencia de empleo que lleva a la búsqueda de otros hasta que las posibilidades se agoten, pues "esa gente se hacía matar con tal de llevarse un kilo de carne o un par de zapatillas".

Esto era lo *inconcebible*, vehiculizado por las misteriosas e intensas realidades del hambre, el silencio, la bronca, complejos regímenes de afectación —por mencionar algunos— situados más allá de toda representación, ya que podemos tener representaciones de los alimentos, emociones o el habla, pero jamás de los estados citados arriba.

Y por eso se los debió apartar de la memoria, la "estimación de los actos" o las "sanciones previstas", puesto que esas instancias *vinculantes* constituían una innovación de lo siniestro, una nueva desazón, un retorno de lo *desvinculado* que intentaba ser definitiva e ilusoriamente erradicado,[42] igual que el hambre, en lugar de aprender política, social y psicológicamente lo que significaban sus crujidos.

Después aparecieron y se evaporaron los "bonos solidarios", las promesas solitarias, las propuestas societarias, los envíos alimentarios desde otros paí-

---

[42] Aunque el 8 de febrero de 1992, dos años después de aquellos acontecimientos, ha vuelto a surgir el pillaje y el robo de los supermercados, esta vez —derrumbe del muro de Berlín por medio— no hay "activistas" ni "agitadores de izquierda" sino "presuntos instigadores" que serían conocidos en la zona como "el gordo Bombo" y "el Patón". La política adquiere, ahora, las características del individuo, tal como lo prescribe la lógica neoliberal de mercado y su correspondiente neomalthusianismo.

ses y demás epopeyas tardías para el otrora glorioso "granero del mundo".

Hasta aquí llega lo que buscaba *desgranar* respecto a la *desvinculación*, su importancia para apreciar los procesos sociogrupales y para el pensamiento mismo sobre la grupalidad.

Para terminar desearía abrir un interrogante, que está sugerido en diversos momentos del trabajo: ¿en la actualidad describimos exactamente el mismo universo grupal, institucional, sociable, sus composiciones, dispositivos, finalidades, etc., que el psicoanálisis —en la mayoría de sus tendencias— sostendría hasta hoy?

De sus interminables respuestas depende que el siglo veintiuno no encuentre a ese provocativo "saber del inconsciente" sometido a una "idea rectora", convertido en un pobre Cristo, o asfixiado por una abrumadora tentación burocrática. Recordemos que la promesa de activar la "peste", esa ética microbiana que Freud dijo portar a Norteamérica, todavía no se ha cumplido.

DEVENIR II
EL LABERINTO DE LAS
IDENTIFICACIONES

Entrada

Una vez exploradas la complejidad, el movimiento y la diseminación de las condiciones metaempíricas de la grupalidad en Freud y sus resonancias actuales, debemos trazar el horizonte productivo y deseante que las atraviesa. Este es el de las identificaciones, cuyas *marcas* des-enmarcan las nociones clásicas de sujeto y subjetividad, ya esfumadas, como lo evidenciamos en la primera parte.[43]

De ahí surge la exigencia de un desarrollo de las identificaciones singularizado y acorde con las perspectivas bosquejadas en ese primer *devenir*. Veremos, además, cómo se las encuentra impulsando un pensamiento en curso sobre las formaciones masivas, los procesos de producción de subjetividades y la esperanza de que el *porvenir* no agote totalmente sus *ilusiones*.

---

[43]En el texto las identificaciones operan como "marcas de marcas" —no sólo como "rasgos"—, a la manera de la *Selbsdarstellung* freudiana en *Más allá del principio de placer*. Al modo de una unidad que no forma sistema. Ordenada pero *a-sistémica*. No es simplemente una *Vorstellung* (que, en castellano corresponde también a "presentación" y no sólo a "representación", según la traducción acostumbrada) que captura un estado o proceso como "objeto de conocimiento", con el fin de operar una reducción sistemática en él.

Inscripciones, desgloses

Sinuosidades, *marañas* más que *modelos*, imposibles de cristalizar —salvo casos específicos— nos llevan a considerar las identificaciones como laberintos llenos de trazados ocurrentes, de salidas insospechadas, imperceptibles, hasta haberlos transitado con cierta frecuencia.

Por momentos, largos y sostenidos, se las expone sin nombrarlas. En otros se las remarca fugazmente (identificación de..., al..., con...), como un término contable, o son caracterizadas por una serie de propiedades que parecen las más convenientes para una *definición adecuada* de las mismas. Finalmente abundan las confusiones de las identificaciones con otros mecanismos, por ejemplo, la *asunción de un rol*, de acuerdo con lo esperado y conocido por un semejante.

Abordadas desde otro ángulo, simulan pertenecer a un orden constituido, identitario, marcas de lo "inefable". Es suficiente con soportarlas, como para además imponernos una elucidación que arroje el saldo de una cierta *experiencia de satisfacción*. Y menos aún se aguanta que esos remanentes nos provoquen nuevas interrogaciones. Pero cuando éstas se desechan aparecen, entonces, renovados problemas y dilemas (identificaciones "carcelarias"), tajeando la carne de un *ser humano* que pretende ignorar al ser como *problemático en sí mismo*.

Las identificaciones golpean, rebotan, se deslizan en la obra y experiencia de Freud, la trascienden para tejer relaciones con fenómenos distintos (por ejemplo, la alienación), a los que se pega indiscerniblemente en su forma positiva. Asimismo tienden a camuflarse en otros vocablos y entidades (por ejemplo, la identidad), que de manera confortable han hecho nido en su campo, labrándolo con sinónimos que impregnan todas las manifestaciones e intercambios.

Por otro lado su papel es central en los correlatos culturales. Existe toda *una* cultura, por no decir la cultura *toda*, basada en las identificaciones e identidades como motores de la misma. A tal grado que "perder la identidad", "extraviarse en las identificaciones", "no encontrar paradigmas de identificación" u "olvidar el documento que documenta mi identidad", implican romper la norma que normaliza, es decir, que permite hacer previsible y controlable mi comportamiento.

Desglosemos, entonces, lo que el tiempo fue asentando en el cómodo sillón de los implícitos.

Salgamos desde Freud para permanecer más afinadamente en las dimensiones inauguradas por su pensamiento.

¿Nociones, conceptos o ideas?[44]

Como al hablar perdemos cierta ingenuidad, o ella surge perdida en lo que decimos, y como paralelamente introducimos cierta y necesaria arbitrariedad, hacemos *expresar* al proceso de identificación lo que no expresa (identidad) y no le hacemos decir lo que reclama (diferencia).

Vaivén de los usos y abusos del lenguaje. Si sólo fuesen *inequívocos* serían aburridos y estériles. Entonces: vigencia desocultante del chiste, el humor y la fiesta.

Si sólo fueran *equívocos* serían mensajeros de unidades perdidas y rasgaduras extremas, pero también amenazarían con la incomunicación y el soliloquio como formas puras de los vínculos intersubjetivos. Por eso: instauración de un diálogo *impreciso* que se soporte en ciertas series discursivas, singularizadas e incompletas.

Finalmente, si sólo fuesen *multívocos* regiría la división como principio y fin.[45]

---

[44]Retrabajando este y otros textos observo que las palabras usadas conservan algo de todos ellos. Hoy exploro con cierta continuidad la idea de "*nocepto*". Remito, para su justificación, a mi libro *La Monarquía Causal.*

[45]Es decir, en los tres casos previos la identificación funciona como una *categoría*, cumpliendo con la tarea de toda *categoría*: someter las particularidades a una generalidad determinada.

Por lo tanto: importancia de la *univocidad*, cuyo punto de partida no principia ni tiende a fines; de la *crítica* a la ilusión de un mundo sintactista y del delirio anónimo de la "coherencia", al que no se opone la "incoherencia", sino la falta de unificación activa.

Desde el abanico previo intentaremos pensar a las identificaciones, fuera de los tediosos comodines, como un desafío y una estocada al corazón de las certezas. Por sus tantas muertes adquiere pleno sentido la emergencia del discurso freudiano sobre las identificaciones, así como su significación para diversos ámbitos, donde las subjetividades se hallan en estado de ebullición.

Todo lo anterior nos conduce a una parte de la pregunta del encabezado: ¿las identificaciones son nociones o conceptos? Veamos.

En ocasiones se oye "estoy bastante identificado con los ideales...", "yo me identifico totalmente con ese mo-delo de persona", "en mi opinión está identificado con un determinado protagonista" ,"estamos convencidos de que existe una profunda identificación...", "el objetivo es que el empleado se identifique con la filosofía de la empresa", etc.

En estos y otros enunciados las identificaciones operan como *nociones básicas*, o sea: como índices de un saber y un conocimiento comunes acerca de la realidad. Además se puede observar cómo aparecen pegoteados en esas nociones ciertos presupuestos que podríamos llamar ideológico-culturales, y que comprenden aspectos educativos, políticos, de pertenencia social, variables de prestigio, identidades grupales y profesionales, etc. Y como también es observable, desde hace unas décadas, faltan *empresas* de la filosofía y la psicología, mientras sobran filosofías y psicologías de *empresas*, basadas váyase a saber en qué enigmáticas "identificaciones".

Una primera aproximación nos indica que las identificaciones no pueden resumirse satisfactoriamente en los términos que conocemos como *nociones*.

¿Entonces será posible "concebirlas", es decir, definirlas como conceptos? Anotemos de pasada que en todo concepto juega simultáneamente la acción diferida de acompañar (*con*) para atrapar (*capio*) lo nuclear de lo que se acompaña. Conceptualizar será siempre operar por síntesis sucesivas, favorecer, de modo literal, una *partida de caza*. Por ejemplo, si consideramos a las identificaciones como conceptos, éstas deben quedar necesariamente subsumidas en la *identidad* y *universalidad* que caracteriza a aquéllos.[46] Así se promueve una versión *sustantiva*

---

[46]Me refiero a los conceptos en su versión *conceptualista*, no cuando son considerados, como en mis textos, en función de su endoconsistencia y exoconsistencia, es decir, como actos de argumentación, exposición, y, a la vez, como aconteci-

de ellas, de la misma forma que con las nociones se ofrecía una versión *adjetiva*. Nosotros avanzaremos en otra dirección.

Alguien estipulaba hace poco más de doscientos años "las intuiciones sin conceptos son ciegas y los conceptos sin intuiciones son vacíos". Aserto revelador. Pero las identificaciones lo sobrepasan, pues escapan tanto de los conceptos como de las nociones e intuiciones.

Serían puras diferencias *entre* complejos procesos que se resisten a ser captados de manera unificada o abarcados en una tipología definitiva. O dicho en otras palabras: son movimientos ideatorios, *ideas* en curso,[47] pasajeras de los bordes, des-

---

mientos. Aquella inunda las distintas ciencias y profesiones, cuya única aspiración consiste en la tendencia a la *generalización* y *universalización* de los mismos.

[47]Utilizo el término *idea* en varios sentidos, pero básicamente en los tres siguientes. En el de Kant cuando afirma que "las ideas son esencialmente problemáticas". En el de Marx cuando habla de la "coexistencia de las ideas" en los contornos de una formación social, donde varían sin identidades ni semejanzas posibles de ser conocidas, porque están amasadas con su misma práctica. Así ocurre con la "idea de transformación". Asimismo en el que marca Deleuze en *Diferencia y repetición*. Dice allí que "una idea es una multiplicidad definida y continua, de *n* dimensiones. El color, o más bien la Idea de color, es una multiplicidad de tres dimensiones. Y por dimensión hay que entender las variables y coordenadas de las que depende un fenómeno; por conti-

tellos inapresables, luces-sombras irregulares, fluyentes temporalidades, series concisas y fulgurantes. El régimen que más les conviene es el del *verbo*, no sólo donde se conjugan los *actos*, sino aquél en el que se desencadenan los *procesos irreversibles*, agenciamiento donde el lenguaje vive de los silencios, cuerpos, afecciones metasimbólicas que habitan otros "mundos".

Ya en Aristóteles el verbo (*éñmá*) era un nombre que poseía determinaciones temporales insoslayables en su significado. Para los estoicos, era la cuna de lo "expresable" (*lecton*), uno de los cuatro incorporales que desplegaron. Y para Foucault, "el umbral del lenguaje se encuentra donde surge el verbo", y habrá que tratarlo como un "ser mixto que es, a la vez, palabra entre las palabras, apresado por las mismas reglas y que, como ellas, obedece

---

nuidad hay que entender el conjunto de relaciones entre los cambios de las variables, por ejemplo, la forma cuadrática de los diferenciales de las coordenadas; por definición hay que entender los elementos recíprocamente determinados por las relaciones, que no pueden cambiar sin que la multiplicidad cambie de orden y de métrica".

Finalmente sería muy interesante —o sea: en la línea del interés de este texto—, reflexionar sobre la falta de *nombre propio* en la idea, como sostiene G. Agamben en *La comunidad que viene*. Ella sólo podría retomarse a través de un movimiento anafórico. Mediante "la anáfora *auto*: la idea de una cosa es la cosa misma. Esta anónima homonimia es la idea".

a las leyes de régimen y concordancia; y después, alejado de todas ellas, es una región que no es la de lo hablado, sino aquella de lo que se habla. Está en el límite del discurso, en el borde de lo que se dice y es dicho, justo ahí donde los signos están en vías de convertirse en lenguaje".

Todas esas mixturas y aceleraciones impresas en los verbos están presentes en el término freudiano de *Identifizierung* (identificación), sea empática, al "rasgo", con el "objeto perdido" o resbale en el "plano transitivo".

Lo cierto de sus *relaciones de incertidumbre* es que están agujereadas por todos lados, y de ese modo, expuestas a distintos abordajes y asimilaciones, a diversas líneas y fragmentos temporales.

Beben actualidad, suspenden el cuerpo en un presente eterno, o lo impulsan en el sentido de participar en una historia de vida y en las muertes de historias vividas.

Por instantes las identificaciones emergen con una transparencia enceguecedora como en ciertas psicosis. En otros funcionan con una opacidad desalentadora como en la mayoría de las neurosis obsesivas o en las obsesiones cotidianas.

Cuando las nombramos ya desaparecieron o quedan sujetas a un penoso-dichoso reconocimiento. Al evitar mencionarlas *insisten* con una fuerza que barre cualquier duda. Ambivalencia, pero no entre dos

polos, sino entre miles de dimensiones. Ahí surgen
las preguntas inconscientes en acto.[48] ¿Un sujeto
es apenas *esta* cascada de identificaciones?, ¿se ha-
brán constituido siguiendo *patrones* de referencia?,
¿se repetirían durante toda la existencia? O aun
otra más estremecedora, ¿serán siempre lo *igual*?

Un sendero diferencial

Nos conduce por él la necesidad de discriminación que se halla desde el comienzo en todo proceso
identificatorio. Tomemos sólo como un disparador
imaginativo, y a modo de ejemplo, lo que resulta
del cruce entre dos identificaciones clave. Una es
la *heteropática* o con otro sujeto. Otra la *idiopáti-
ca* o identificación del semejante con uno mismo.
Y sugiero que con respecto a esta última debemos
ir metiendo ya el buril de la desidentificación y someter a de-formación los montajes identificatorios
que recluyen al sujeto en su burbuja narcisista.

A lo largo del texto retornaré directa e indirec-
tamente sobre este asunto. Justo en el punto de
fusión de ambas identificaciones emerge lo que de-
nominamos "nosotros". Reunión indiscriminada a
la que remitimos continuamente (a tal grado que

---

[48]Otra ligazón clave para entender el movimiento *verbal*
de la *Identifizierung*.

existe *una* psicología social basada en el pronombre), hasta que alguien demanda, ¿quiénes somos nosotros?, interrogación que abre el plural mayestático a la diferencia.

Ahí nos damos cuenta que *nos* también podemos ser *otros*.[49] Y si bien la primera persona del plural introduce una marca colectiva, lo hace en función de un descentramiento. Estamos lejos de la identidad, tal como ha sido pergeñada desde una antigua tradición lógica y metafísica. Reaparece, se representa porque está perdida. Así *unifica* una ilusión —por otro lado imprescindible— o da curso a una alucinación.

Las dos únicas menciones de identidad que se apuntan en el discurso psicoanalítico están referidas a la *identidad de percepción*, donde la economía deseante impregnará una imagen semejante a la del objeto *desemejante* que brindó una experiencia satisfactoria.

Identidad fisurada que muestra que el proceso de impregnación inconsciente no es *neutro* o meramente potencial, pues no se "carga" una *identidad de pensamiento* regida por una inhibición-postergación de la descarga.

---

[49]Esto indica cómo lo *impersonal* está metido en lo que la lengua señala como personal e individualizado. Esos *otros* son, asimismo, *ellos*. De ese modo todo yo (y *nosotros* es su conjunto), en cuanto síntesis pasiva, es también un *él*.

Nueva grieta. Si lográramos alcanzar una identidad de pensamiento estaríamos ante una verdadera realización alienante tanto *de* estado, como *de* concepto, ya que será totalmente imposible hallar una *Denkidentitat*, una identidad, en el proceso de pensamiento, que desconoce lo idéntico por principio.

Ocurre entonces que tales "identidades" son poco idénticas, y no sólo porque una tenga sentido en relación a la otra, dentro de una dialéctica funcional, sino porque fundamentalmente se busca resignificarlas desde la cotidianeidad de las experiencias clínicas, institucionales, comunitarias, etc., o sea: desde el *acontecer de la repetición*, tajo de la "mismificación", "lo igual", y sus dominios.

Una simple acotación al respecto. Lo que se *repite* como acto y en un acto es una producción distinta. Por ejemplo, es imposible *repetir* un fallido como siendo bajo la figuración "lo igual", puesto que se genera como tal en el *acto de fallar*, como falla en acto. Y lo hace en tanto diferencia específica con los anteriores o los por-venir.

Entonces lo único que se repetirá es la potencia de actuar del inconsciente, con su modalidad que es del orden de la *insistencia*, no de la *existencia*. Insistencia que habla de la imposibilidad en el repetir mismo, es decir, el inconsciente *repite*, *crea* sus propias formaciones sobre el telón de la imposibilidad de agotarlas, y no sólo como reviviscencia o rememoración de experiencias acaecidas.

¿Puede decirse, así, ligeramente, "usted repite aquí y ahora conmigo lo pasado..."? ¿Dónde sostener estas recetas tan comunes, si como bien se dice, "lo pasado pisado"? Bueno, ese pretérito es reproducible —como su experiencia— aunque *irrepetible*. Por lo tanto, la repetición permanece más allá de su mención, vive en la tensión siempre repetida con la diferencia misma. Fuera de ella sólo puede "concebirse" (racionalizarse) como *igualdad* o habitando las quimeras de lo *idéntico*, cuando se lo piensa como equiparado a su medida, no como diferencia en curso.

Panorámica convergente de la identidad[50]

Desde el horizonte de una concepción determinada sobre los entes (E. Meyerson, *Identidad y realidad*), la *identidad* es vista como una función propia de la razón, que tiende a reducir lo real-múltiple a lo idéntico, en su afán por explicarlo.

---

[50]Con ella deseo señalar velozmente que la *identidad* es parte de una problemática que se resiste a ser simplificada. Y menos barrida con un gesto desdeñoso. Un principio de solución sería bucear en lógicas distintas a las "identitarias", donde, a menudo, no se está pensando en la *identidad*, sino en *lo mismo* o en *la diferencia*, según la orientación en juego.

Sin embargo, desde un ángulo opuesto que importa destacar (D. Hume, *Tratado de la naturaleza humana*), se niega radicalmente toda identidad. Las percepciones e impresiones forman "haces" (*bundles*) irreductibles a misteriosas unidades llamadas "yo", "alma" o "sustancia". Esto, para Hume, es sólo un planteo imaginario que atribuye a la multiplicidad diversos modos de *unificación*, convirtiendo esos *ídolos* en hábitos de explicación científica.

Más tarde la *identidad* será afianzada (I. Kant, *Crítica de la razón pura*) como un concepto *transcendental* generado por un sujeto de conocimiento activo, más acá de cualquier recorte empírico o vocación trascendente.

Pero enseguida la *identidad* será lo que abarca de manera inmediata al sujeto y al objeto (F. W. Shelling, *Bruno, Filosofía del arte, Investigaciones filosóficas sobre la esencia de la libertad humana, etc.*) en una fusión intuitiva de la conciencia y el inconsciente que la envuelve.

Aquí la identidad difiere de la *unicidad*, que es meramente abstracta y no entraña ninguna relación del "ser en sí mismo con su ley constitutiva" que formula: "a todo ente le pertenece la identidad, la unidad consigo mismo". Esta aparente *vacuidad* será el principio del desarrollo de todo lo existente, lo idéntico será "el absoluto mismo", previo a cualquier polaridad u oposición. Ilusión inevitable, es la misma carne del ser.

El arribo a la meta antes de partir deja insatisfechos a muchos, pero sobre todo a uno (W. F. Hegel, *Fenomenología de las formas del espíritu* y *Lógica*) que condena el principio de identidad, tal como fue postulado por su antecesor, a girar en "la noche donde todos los gatos son pardos". Lo que en realidad ocurre, en el movimiento reflexivo más puro que se pueda imaginar, es que *ya lo otro* surge necesariamente como *apariencia*.

Todos estos planteos atraviesan innumerables escritos y posiciones, pero recién hallan —según mi apreciación— su formulación renovadora en una conferencia de 1957 (M. Heidegger, *Identidad y diferencia*), donde se determina precisamente que la fórmula A = A remite a una igualdad, sin afirmar, bajo ningún punto de vista, que A sea lo *mismo* (*das Selbe*) que A. En la identidad desigual se está pensando en la "unidad consigo misma" de la cosa tratada, cuestión de antigua data, que preocupó tanto a Platón, como a Hegel, Marx, Freud, Lacan, Deleuze o Derrida.

La unidad no implica en Heidegger cierre alguno, sino que hace patente la exigencia de un *existenciario* que anuncia: a todo ente le cabe identidad, la unidad consigo mismo, nudo de la *ontología fundamental*, la de la diferencia entre el ser y los entes, sean globales o regionales.

Heidegger opone así —en *Ensayos y conferencias*— la superficialidad de lo idéntico *igual* a sí, a la profundidad de la identidad que reúne lo diferente. Este supuesto heideggeriano no sobrepasa el ámbito de las oposiciones y discriminaciones terminológicas, sin duda fecundas, aunque prisioneras de esa representación que criticó con gran tenacidad y maestría.

A partir de esa referencia podemos pensar *con, contra o desde ella*. La *inter-cisión* (la diferencia como separación) entre la igualdad y lo real bulle en la identidad. A ésta se accede mediante un *salto* más allá del significado clásico del ser como "fundamento", puesto que así se lo transfiguró en un ente más.[51]

La historia "originaria", así, cambia su frente, ya no será un relato sobre el ser, como en la metafísica tradicional, sino el acontecer mismo de la diferencia *"entre"* (*Zwischen*) el ser, en su senti-

---

[51]Aunque la idea de fundamento —como todas— depende del lugar en que es invocada. Por ejemplo, para un pensamiento de la "univocidad", como el de Deleuze, es imprescindible. Otro tanto ocurre con el "fundamento inconsciente" para el psicoanálisis. O para la "lógica de lo múltiple" de A. Badiou. Sin embargo, es prescindible para muchas expresiones o esbozos del pensamiento actual.

do de "lo abierto en el origen" —como *Ereignis*, acontecimiento—, y los entes intramundanos.

Esa *diferencia* yace, como dijimos, en contrastes y distinciones lingüísticas; esa "casa del ser", cuyas llaves están demasiado confiadas a las aventuras de una refinada y peculiar etimología. Sin embargo sus aportes son reveladores. Y nos lanzan un desafío clave, el de tratar de hablar sin el verbo ser (y la diferencia que acontece). Dos podrían ser las acechanzas: la creación insospechada o la locura castellana.

Yendo ahora en otra dirección, hacia el campo estrictamente lógico, observamos que el problema de la *identidad* ha sufrido los más curiosos avatares, según el plano donde se lo trate. Después pondremos de relieve una central que se intersecta con el de otras disciplinas.

Así opera como una tautología en la lógica proposicional. Como un *indemostrable* en la concepción estoica o *paradoja* llena de sentido irreductible a los significados lingüísticos. O en un aspecto opuesto, *paradojal*, donde si la identidad resulta *verdadera*, la igualdad (A = A) es banal, en caso contrario es *falsa*.

La "lógica de la identidad" esgrime ese dualismo como único criterio de posibilidad, pero lo que fracasa ahí es la posibilidad misma.

Por otro lado en la llamada álgebra de "clases" y "relaciones" sirve para hablar de "clases idénticas", "relaciones idénticas" que sostienen la felicidad de los diversos cálculos. A veces, en esos áridos mecanismos lógicos, la identidad es mal manejada como "equivalencia lógica" que separa "identidades necesarias" de "identidades contingentes", en busca de una estéril *equivalencia general*.

Sin embargo existe un *punto de coincidencia*, donde lo más fecundo de la lógica matemática, la lingüística, el psicoanálisis y la antropología social convergen para debatir en el cruce las semejanzas y distinciones entre identidad e identificación, se trata del problema fundamental del *nombre propio*.[52]

No añadiré aquí un nuevo punto de vista sobre la espinosa "identidad", ya que mi búsqueda se orienta por rastros de senderos poco explorados, por simples desvíos e incidencias, y no por los que han sido transitados con gran suficiencia y rigor, y que ameritan una discusión menos improvisada que la resumida en la afirmación, "identificación no es identidad", o viceversa.

Destacamos en muchos pasajes la adherencia, bajo la piel del lenguaje corriente, de la identidad con el movimiento de identificaciones. Se amasijó con ellas. Así hubo una inquietante amalgama entre "estar identificado con..." y "ser idéntico a...",

---

[52]Ver el *Apéndice II. Algunos caminos del nombre propio.*

"identificarse con ciertos valores específicos" y "tener identidad por ellos".

Los deslizamientos no eran ingenuos, pues se hablaba de otra cosa. Trastocamientos del ser y el tener, establecimiento de causalidades donde no las había, arrastre de "sentido común" convertido en "buen sentido", pinza del juicio para introducir un gato *común* con el ropaje de una *buena* liebre.

Sin embargo la identidad y las identificaciones toman rumbos distintos. Junto con la primera se deposita el *uno mismo*. Si y sólo si me figuro que ella se refiere a "este yo", designando algo nuclear e inalterable del "mismo", entonces diré que es "mí mismo" (*self*) lo que ha sido tomado como referente. De ahí a que nazca una impresionante *objetología* —en especial psicoanalítica— hay un pequeño salto.

Próximo a las segundas surge nítidamente la *otreidad*, que todavía no podemos llamar *diferencia* en un sentido radical. Por lo menos hasta que no hayamos dejado de tropezar con las semejanzas, comparaciones, analogías y las densas brumas de una *normal* identidad.

La tentación de clasificar

El viejo Quintiliano decía que ante la hoja en blanco había dos actitudes: paralizarse o escribir sin ton ni son. Entonces aconsejaba otro procedimiento: copiar. Ese *pánico blanco* llevó a una innumerable cantidad de escribas a seguir la admonición de Quintiliano, disfrazada con el señuelo de la *autoridad*, bajo la forma de clasificaciones asépticas, que pasan por ser exposiciones rigurosas, donde el *autor* —aspirante a convertirse en *idad*— ofrece su humilde aporte, *a posteriori* de brindar su *copia* como un homenaje a sus padres precursores.

Esa es la función de la copia (cuando se olvida que es un simple recurso escritural), hacer de la historia un homenaje y del pensar una parodia. Pero como nada está prohibido, salvo prohibir, podemos esquivar un pensamiento que reclama los desafíos —el de las identificaciones es uno clave— y alucinar que lo evitamos haciendo extensos borradores taxidérmicos sobre el empleo de ciertas categorías.

De ese modo simulamos huir del pavor que anunciaba Quintiliano listando por ejemplo "la identificación según…" la "literatura psicoanalítica" en un orden estatuido, para llegar a la contribución de "mí mismo". Quizás sea la utilidad de un buen manual, esa preservación del *lector* como *estudiante*, pero nunca la de una "elucidación" deseante, aquella que ejercitó Freud, entre otros, de una manera excepcional.

Retomemos fugazmente la afirmación previa, para enfatizar lo que allí se desecha. No la impulsa ninguna aversión contra los manuales, tampoco una *empatía* hacia ellos.

Abundan los textos que indagan parcial, modal o globalmente los procesos identificatorios en sus detalles, nexos y diferencias con otros semejantes (introyección, interiorización, imitación, incorporación, etc.), en sus revestimientos tendenciosos (se los reduce a las "relaciones de objeto"), donde quedan sometidos a las "internalizaciones" y "externalizaciones", de alternancias que constituyen un supuesto "mundo psíquico interno". A éste le cabría una pregunta simétrica: ¿qué sería un mundo psíquico externo?, puesto que el objetivo de la metapsicología, si es que posee alguno, es el de advertir que la separación no tiene sentido.

Asimismo, sobran los artículos en seguidilla donde se indican y definen las propiedades de la "identificación introyectiva", "imitativa", "proyectiva" y sus complementos contraidentificatorios, las nosografías clínicas que desencadenan y las consecuentes normopatías que suelen acompañarlas.

Las tipologías identificatorias, por otra parte, servirán para detectar y diagnosticar el bien y el mal. Una *buena* identificación siempre lo será con el analista o terapeuta de turno. Una *mala* identificación llevará, en cambio, a la psicopatía o al *acting-out*.

Como a partir de este último se extendía la manía interpretativa —basada en la "proyección envidiosa"— hasta las conductas expresivo-motoras de los bebés, autores más razonables coligieron que ciertas teorizaciones pertenecían a la industria de rótulos, más que a las experiencias terapéuticas.

Entonces propusieron *acting-in*, en lugar de *acting-out*, correspondiendo éste a la actuación del analista "mismo". Con el tiempo nadie quiso comprometerse demasiado con el *out* o el *in*, y se comenzó a usar la forma apocopada *acting*... El interlocutor podía completar a gusto la sentencia.

A esa altura cualquiera sabía que hablar era quedar condenado a una siniestra caja de resonancia. Y nadie quiso embarcarse con más *actings* o *psicopatías* en una marea ignominiosa, donde continuamente se navegó a la deriva, "identificándose con el agresor".

Durante mi búsqueda, reiniciada en cada apartado, no abundaré en lo que sobra ya publicado. Los *desvíos e incidencias* que la alientan estarán sujetos a las inconscientes provocaciones que disparan las caleidoscópicas elucidaciones freudianas hacia nuestra actualidad.

Trayectorias

Posibilitar un recorrido demanda que otros sean paralelamente inaugurados.

Llama la atención que Freud dedique un célebre capítulo de su obra "socio-antropológica" — agudísima etiqueta— a la identificación, cosa que no hizo en ninguno de sus textos clínicos o de teoría psicoanalítica, aunque la noción, el concepto y la idea están diseminados en todos sus escritos.

Escuchada en la tos-catarro de Dora; *descifrada* en los feroces ataques de Dostoievsky; *unida* al juego significante en *El chiste y su relación con lo inconsciente*; a las condensaciones y desplazamientos en *La interpretación de los sueños*; *revelada* en el sadomasoquismo crístico del "hombre de los lobos"; *leída* tempranamente en su correspondencia con Fliess; *encaminada* con seguridad a través de *Sobre la introducción del narcisismo, Pulsiones y destinos de pulsión, Duelo y melancolía, El yo y el ello, Nuevas lecciones introductorias...* Pero *especificada* como fallida *argamasa* de las masas en la *Psicología...* del mismo nombre.[53] Por eso no es

---

[53]Los dos trabajos clásicos sobre la identificación son el de Jean Florence, *L'identification dans la théorie freudienne*, y el de W. W. Meissner, *Notes on identification* (I, II, III). El primero realiza una exploración detallada de la problemática en Freud. El segundo describe el juego de la identificación en los textos de Freud y en las elaboraciones de

casual, "sociológico" o anecdótico, que el capítulo temático —VII— del ensayo, se encuentre divi-
diendo y enlazando el movimiento de la reflexión
freudiana.

Correspondencias, valores, pauperizaciones

El género epistolar, quizás a diferencia de cualquier otro, se presta para la reflexión ética y las con-
fesiones francas o sugeridas. En la correspondencia
con Fliess la identificación reverbera en términos
y observaciones impregnadas por la moral vigen-
te. La agorafobia, detectada en los grandes casos
femeninos, consistirá en ocupar el lugar de la pros-
tituta. Así las mujeres que soportan esa enfermedad
están identificadas con las *sacerdotisas de la calle*
y la "ilimitada" libertad de que gozan, es decir, de
todos aquellos *dones* que faltan en las mujeres del
estrato social allegado a la consulta de Freud.

Son las mismas "jóvenes bien educadas" que se
"autodegradan" al sufrir variadas identificaciones
con las "muchachas de servicio". Aparece, entonces, el padecimiento culpógeno, el autorreproche

---

sus continuadores.

Remito a ellos para un seguimiento del asunto, que es
abordado con exhaustividad y solvencia. No vale remedarlos
aquí, pues mi análisis dibuja una perspectiva que excede las
preocupaciones de esos autores.

constante por la identificación con una *servidumbre* también genital, ya que las fámulas debían incluir entre sus múltiples servicios los que prestaban al patrón-padre de las "señoritas", fuera de las horas laborales, dentro de sus sórdidos cuartuchos. Era obvio que en la sociedad vienesa (y en otras muy cercanas) el servicio doméstico era visto, ante todo, como un vicio del ser, como un ser vicioso.

En las cartas a Fliess hay una anticipación de las palabras y argumentos que dieciocho años después empleará en *Duelo y melancolía*. El mecanismo de la identificación es descripto a través de ciertas manifestaciones por las cuales los impulsos hostiles dirigidos contra los padres se vuelven contra el sujeto, en forma de reproche o castigo histérico.

Respecto de los excesos en las casas familiares Freud hace una acotación que pasa por la *justicia*. Esta se considera como un parámetro *natural* que funciona automáticamente para regular y castigar al sujeto descontrolado. Afirma en la carta a Fliess del 2 de mayo de 1897: "Existe una justicia trágica en el hecho de que la acción de *rebajamiento* a que se somete al jefe de familia en relación a la sirvienta, sea atenuada mediante la autodegradación que se inflinge la hija".

He subrayado la palabra rebajamiento, porque es ella la que da cuenta del "achicamiento" del yo en *Duelo y melancolía*, esa extraordinaria *rebaja* del melancólico en su sentimiento yoico. Y todo ello transcurre porque, como dice Jean Florence, "tomar al pie de la letra la palabra «identificación» no deja de acarrear, por tanto, serias consecuencias. El yo estalla, se muestra maleable y sujeto a trabajos, pasión del otro, de lo múltiple, de la libido inconsciente...". Julia Kristeva completa esta idea diciendo que, salvo excepciones, la identificación es un *transporte* que moviliza pulsiones y representaciones.

Y destaquemos, además, que a partir de las identificaciones se forma la trama de una *novela* sociofamiliar que cuestiona tanto la *ficción* del género novelesco como la *imaginación* naturalista de la familia.

Todavía los procesos de constitución del yo son parte de un horizonte borroso, que será delineado con claridad en *El yo y el ello*. Sin embargo lo único que intento destacar es que, desde los inicios de la práctica psicoanalítica, las dimensiones del *socius* atraviesan su discurso se lo acepte o no.

El problema de la *degradación*, aplicado a la relación entre sectores sociales excluyentes, introduce en el ámbito de la identificación el asunto del *valor* —en todas sus gamas— y de otros elementos ideológico-culturales, como modalidades intrínsecas a su planteo.

No se trata de un *extraterritorio* metido con fórceps para dar un tinte "sociológico" a sus elaboraciones. Ese nivel de análisis sigue operando en todos los escritos freudianos, a pesar del empeño de tantos fiscales de la pureza conceptual. Aun en el texto exhibido como paradigma de tal *pureza —Sobre la introducción del narcisismo—* encontramos que "las mujeres histéricas suelen ser, en su mayoría, muy atractivas e incluso bellas, y, por otro lado, la acumulación de fealdad y defectos orgánicos en las capas inferiores de nuestra sociedad no contribuye perceptiblemente a la frecuencia de las enfermedades neuróticas en este medio".

Recurrencia del *valor* en la economía del aparato psíquico, donde se ubican y condensan todos los recursos que podrían evitar los diversos padecimientos. Desde su anverso opera un acto terapéutico encabalgado en un imperativo ético del hablar deseante, para que el sufrimiento siga el curso de su disolución.

El neurótico, considerado un "cobarde moral" en la primera etapa de Freud, es recuperado como una posibilidad cierta de acceder a un "grado de verdad" que brilla cuando el sujeto más se propone el engaño, la mentira o el disfraz. Pero nada de lo anterior obstaculiza el retorno del calificativo.

Posteriormente la melancolía y las múltiples caras de los estados depresivos serán denominados "enfermedades morales", ese *malestar* que desorienta el diagnóstico y la semiología de la medicina positivista. El *superyó* obsceno y feroz —como dirá Lacan— machaca, desde los albores, los restos identificatorios (afectivos, sonoros, táctiles, legales, etc.), que conformarán al yo, sus capas, génesis y "servidumbres".[54]

Es pertinente asociar (¿no se trata de una regla válida donde aparece lo no pensado?) en este punto a las máquinas devastadoras y paranoides, aniquiladoras de todas las identificaciones *con y entre* sectores de un vasto tejido social, que fabricó el terrorismo de estado en la Argentina, con una preciosa indicación que da Freud en la carta a Fliess del 9 de diciembre de 1899, "la paranoia —dice— destruye las identificaciones, restablece a las personas que habían sido amadas en la infancia (recluyendo al sujeto y derivándolo hacia un infantilismo fuera de toda sospecha)[55] y escinde al yo en varias personas extrañas...". Jalonemos: condenándolo a vivir entre extraños y *siervo* del aislamiento *yoico*,[56] cárcel de

---

[54] *El yo y el ello*, capítulo 5.

[55] Añadido mío.

[56] Dependencia de un señorío anónimo protegido en las tres tortuosas "instituciones" que Freud atribuía al yo en el *Complemento metapsicológico de la doctrina de los sueños*, la conciencia moral, la censura de la conciencia y el examen de la realidad. Estos *instituidos* son remarcados constantemente en sus obras posteriores, con sus efectos devastadores

una nueva especie de *desaparecido*. ¿Desidentificarse, puede ser una consigna tan ligera y universalizada para el ejercicio terapéutico y sus fantasmas? ¿No será necesario acotarla a ciertas formas identificatorias sin restarle validez curativa general? Son simples interrogantes.

En tránsito

En el umbral del célebre capítulo de *Psicología de las masas* sobre las identificaciones, Freud hace una observación que hemos tomado literalmente desde el comienzo de este escrito. Dice allí que "de hecho, por el psicoanálisis averiguamos que existen todavía otros mecanismos (además de las investiduras de objetos reveladas por la indagación sexual) de vinculación afectiva: las llamadas *identificaciones* son procesos insuficientemente conocidos, difíciles de exponer...".

Se comprenderán, entonces, nuestras dificultades extras, puesto que no intentamos hacer una catalogación, ni agregar un dato a las tipologías vigentes o dar una explicación más. Deseamos saber qué se cuela por las cribas identificatorias, por esos modos y sentidos que fueron dejados de lado por "extranjeros".

---

y su enraizamiento en el sentimiento de culpa que cobra su buena renta a la mueca de dicha del ser humano.

Pero esta *xenofobia* conceptual e instrumental no es abominable en sí, *representa* una forma privilegiada de economía psíquica y de confort intelectual. Comodidad, por otra parte, que manifiesta una función clave de las "identificaciones *con* el pensamiento de"[57] otro o con uno establecido como "el único legítimo acerca de". Desde este ángulo podemos ver cómo no es el individuo, precisamente, el que se libra de los efectos de "masificación" sino que hace *cuerpo* con ellos.

Es útil prestarle mejor oído a la advertencia freudiana de que los procesos identificatorios resisten a las exposiciones directas (designativas), son "insuficientemente conocidos" y no basta con conocerlos, ya que en este nivel siempre estaremos buscando objetos, articulaciones, relaciones objetales, etc.

Aun en las identificaciones "fusionales", *primarizadas*,[58] no nos encontramos con estados "indife-

---

[57] En correlación con las que señalé, también se menciona la identificación *en* el pensamiento. Esto sólo sería posible cuando se declara una psicosis grave, donde "la relación de identidad" juega como supuesto de toda forma de vinculación.

[58] Freud mencionó raramente la "identificación primaria", sin embargo se la usó de una manera adjetiva ("inefable", "indiscriminada", "indiferenciada") que clausuró toda vía de reflexión. Por eso enfatizo el acto de forcejeo —primarizar— que organiza una progresión monótona (ordinal) y el doble

renciados", "aglutinados", donde privaría una imagen de *caos y arbitrariedad* (puestos por el observador), que irían discriminándose posteriormente en un *cosmos* y distintos órdenes de *convencionalidad.*

Sin embargo no hay "condiciones de posibilidad" de conocimiento para lo *caótico* incognoscible, sino *ideas* y actos que permitan pensarlos hasta el punto de emergencia de los distintos ordenamientos que ahí están operando efectivamente. Y así convertirlos en instrumentos de prácticas y quehaceres que no preexisten a su ejercitación, ni son anticipados en técnica alguna.

De modo que la garantía de los procesos primarios surge necesariamente del desconocimiento de las innúmeras series que los cruzan y organizan para llegar a un resultado indiscriminado; coordenadas matrimoniales, laborales, inserciones sectoriales, historias de vida, redes familiares, adiestra-

---

registro (primaria-secundaria) bajo los cuales es recluida y empobrecida. En verdad lo que aparece reiterado durante las pesquisas freudianas es una identificación "en el origen" (*Uranflänglich*), "originaria", donde se instauran órdenes y tiempos no convencionales muy rigurosos. Mientras que la *identificación primaria* pone siempre sobre el tapete el siguiente asunto: ¿es una identificación primera con el padre o la madre? Pero lo que realmente está en juego son las reglas, normas, roles, aconteceres, casi-causas, decisiones, etc., que permiten a *este* sujeto ser *tal* hijo-padre-madre-hija-hijo o *tal* otro en un vínculo fusional "primario", efectivo y personalizado.

mientos materno-culturales, deseos y expectativas, elección de nombres propios, habitat y disponibilidad de medios, fantasías vinculares, mandatos sociales asumidos y diferidos, espectros de futuras soledades, fetiches legales, lógicas mixturadas, etc. O como afirma E. Ortigues en *El edipo africano*, las identificaciones "no se definen sólo por la similitud o la contigüidad; pertenecen a un proceso generador de normas, de valores de posición asignables y simbolizables".

Quien desee echarse un esbozo de la teoría sobre las identificaciones, como un buen vaso de refresco, recurre al capítulo VII de *Psicología de las masas*.

Allí se reorganizan, para ofrecer una síntesis al lector, las elaboraciones previas sobre la localización de los fenómenos identificatorios en distintos ámbitos y mecanismos.

Los ejemplos que los ilustran son todos "sintomales". Convergen en ellos las descripciones y delimitaciones que tocaban a las dos grandes líneas que había tendido hasta el momento: la identificación narcisista y la histérica. Pero no hay *corte* alguno con la forma novedosa que introduce en este ensayo, sino que ello es una necesidad provocada por los acontecimientos que aborda.

Hagamos una breve revisión de esas líneas a modo de las aperturas que estipulamos para enfocar la cuestión global.

La identificación es el inicio de una supuesta *evidencia comparativa*, funciona "como la más temprana exteriorización de un *vínculo afectivo*[59] con otra persona".

En su forma más *originaria* e hipotética, modela al yo y sus fragmentaciones, envuelta en la dialéctica ambivalente de *ser* y *tener*. Está enclavada en la prehistoria (dimensión conjetural) misma del complejo de Edipo.

La "*incorporación*"[60] del padre que el niño de-

---

[59]Destaco la noción de *vínculo afectivo*, porque en ella está implícita la capacidad *anobjetal* de ser afectado, de afectar a otros (mas allá del número y la extensión) y de autoafectación constante que supone cualquier idea de sexualidad, *uno* de cuyos fines es la realización genital.

Una aclaración. El vocablo "anobjetal", de aparente oscuridad (aunque toda palabra se recorta y recorta la lengua sobre un fondo oscuro), es orientado en mi texto por dos modulaciones. Una que indica desde el comienzo la operación de cesión y sustracción del objeto a toda percepción o recuerdo en los procesos identificatorios. Otra señala a la partícula *an* no como marca de negatividad, sino de *evitación*; *evitación* de aquello que desde el inicio apela al ojo (*ob*) y a lo que se le enfrenta (*iectum*) en un estado de cosas determinado.

[60]La palabra *Einverleibung* (incorporación) que Freud introduce en la tercera edición de los *Tres ensayos de teoría sexual*, al hablar de "incorporación del pecho materno", generó muchos equívocos, donde se trató un nivel metafórico como si fuera un plano observacional. Así, se creía estar viendo, de la misma forma que la ingestión de alimentos, el

searía *ser* instaura a aquél como *ideal*. A partir de esa actividad sobresaliente (análoga a la primera fase de la organización libidinal) el niño y la niña (aunque Freud recalque la elección masculina) quedan preparados para entrar en el torbellino edípico, es decir, de las pulsiones activas y pasivas, odiosas y amorosas, hetero y homosexuales, agresivas y reivindicativas; así como en sus conocidos derroteros: Edipo *positivo* o normal, *invertido* o negativo y *completo*.

Sin embargo cada uno de los caracteres se disemina a su manera, y la completud no es más que una feliz coincidencia inalcanzable. El mitocomplejo sólo puede agotarse en el discurso, mien-

---

objeto y su correspondiente *elección de objeto* (*Objektwahl*), haciendo de la actividad sexual originaria y el proceso identificatorio *observables* inmediatos.

Nuevamente una confusión proveniente del objeto, sus "relaciones" totalizadoras y una *mirada* médica afectada de miopía. Para superar esa alucinación será necesaria una teoría conjetural del sujeto deseante, de las temporalidades particulares (fases) y de nociones *anobjetales* como, por ejemplo, la de "petit *a*".

Eienverleibung dice mucho más que *tragar* alguna cosa, real o no. Se refiere al acto por el cual el lenguaje trasciende de sus *significantes* y *significaciones*. Mediante ese acto se transforma en campo de pura afectación, en un cuerpo dotado de eficacia propia, tanto simbólica como empática, pleno de acontecimientos, de inagotables *verba-verbos*. Bajo esos regímenes habrá que comprender y analizar las conjugaciones identificatorias.

tras el drama del *socius* lo abre sin cesar hacia lo extradiscursivo. Y ahí debe buscar sus refrendos y superaciones.

La identificación narcisista tiene una vastísima focalización en los estados melancólicos. *Duelo y melancolía* los describe y explora en contrapunto con las ocasiones de duelo. Allí el objeto de amor luce perdido, sustraído a la capacidad de tomar conciencia de él. Tal pérdida no es comparable con la de un objeto en la calle, está más allá de la *mano* y de la *vista*. Es un movimiento inconsciente de transformación.

El extravío del objeto se convierte en el del propio yo, y éste sufre "un enorme empobrecimiento". Así su elección es sustituida por una *identificación narcisista*, donde la carga que existía hacia el bien amoroso se trueca por una "regresión" a las formas más primitivas de conexión libidinal. El sujeto de manera *ambivalente* desea conservar y destruir lo amado, quiere devorar, *incorporar* al otro para constituir una unidad indisoluble.[61]

Alianza condenada al fracaso, pues la violenta amalgama conduce a la "escisión del yo" (*La escisión del yo en los procesos de defensa*). Los enfrentamientos entre partes dividirán los feudos de cada

---

[61]Estos presupuestos son desarrollados en el capítulo II (*El tabú y la ambivalencia de los sentimientos*) y en el IV (*El retorno del totemismo en la infancia*) de *Tótem y tabú*.

contendiente. Y ahí reaparece el *valor*, sus intensidades y travesías, para teñir el ambiente de un combate sin igual, establecido desde los orígenes. "Vemos —afirma Freud— cómo una parte del yo se sitúa frente a la otra y la *valora* críticamente[62] como si la tomara como objeto". Así queda bien prefigurado —en esa valoración crítica— el *superyó* y su carácter de potencial máquina terrorífica, tal como lo diseñará en *El yo y el ello*.

Las disposiciones melancólicas son espesas, agobiantes, las identificaciones allí (en relación a las cuales es necesario un arduo trabajo de des-identificación) se enganchan con valores que pretenden tapar los deteriorados valores todavía en circulación. Pero las *quejas-querellas*[63] del melancólico hablan de la imposibilidad de sustituirlos con otros —existe en ello una gran lucidez— y se particularizan anímicamente por "una desazón dolorosa, una cancelación del interés por el mundo exterior, la pérdida de la capacidad de amar, la inhibición («enigmática» porque se ignora qué «absorbe» al sufriente) de toda productividad y una *rebaja* en el sentimiento de sí que se exterioriza en autorrepro-

---

[62]Instancia crítica que cumplirá una función preponderante en *Psicología de las masas* y en *El yo y el ello*.

[63]Que toda queja (*Klage*) sea una querella (*Anklage*) con alguien, lo gritan los mismos términos.

ches y autodenigraciones y se extrema hasta una delirante expectativa de castigo".

A este espectro alucinante no le son indiferentes las *cargas* éticas, ideológicas, etc., ya que el "cuadro de este delirio de pequeñez —*predominantemente moral*— se completa con el insomnio, la repulsa del alimento y un desfallecimiento, en extremo asombroso psicológicamente, de la pulsión que compele a los seres vivos a aferrarse a la vida".

El melancólico jamás ve —*ni vio*— lo que realmente pasó, porque desde su retiro de un mundo *nada* exterior, éste permanece repudiado en la falta de mundo *tan* interior.

Es un verdadero y dolido *percepticida*.[64] Está ciego en sus insomnes ojos abiertos. Tiene como meta trabar cualquier acto amoroso o creativo, porque están perdidos de antemano. Y aun cuando puede irrumpir con una *manía* ocasional, enseguida languidece.

Su finalidad, registrable con dificultad, es *achicar* todo (el *megalómano* crea un grandioso efecto de disminución) y hacer de la culpa el único sentimiento esencial y relevante. Y como la *culpa* exige castigo, encabeza la fila para recibirlo y aconsejarlo como panacea.

---

[64]El que mata la percepción desde el deseo. Así *matar* será la característica nodal de su mirada.

Pero sólo lo reclama de su agresor, no siempre identificable, al que otorga el don de hacer justicia, sabiendo —de ahí su *sagaz* desgarramiento— que ella no existe fuera del simulacro de distribuirla para todos por igual. En verdad cree que sólo hay una justicia, la *justa* distribución de la muerte.

Por eso esporádicamente la aplaude y conserva como si fuera la preservación de la vida que desprecia. Mientras pone *aprecio*, ese más allá de cualquier *precio*, en la resignación y la pequeñez.

Es un sectario de las limitaciones, un caudillo indiscutible de las pasiones tristes. Es un voraz "incorporador" de valores, a los que desea restarles toda cualidad proteínica.

Sujeto sin sistema detectable, soporta, sin embargo, sistemáticamente las cargas más diversas. Parece el protagonista oculto, habitante patológico normalizado, de "Small is beautiful", quien nunca pone la vida en peligro, porque la vive como el mayor de los peligros.

Pienso, entonces, que una prolífica tarea de desidentificación va de la mano con la mayoría de las identificaciones clausuradas, "endocrípticas"[65], que inundan los estados melancólicos en sus distintos

---

[65]Término gestado por María Torok y Nicolás Abraham, que designa un lugar cerrado (cripta) en el yo, donde hay un fantasma con el que el sujeto está identificado, siendo ignorado por el terapeuta. De ahí que el *fantasma* no se pueda formular sin más en estilo directo, como si fuera un

estratos, y que trascienden el simple marbete de "enfermo" hacia el abismo de una "moral" —con todas sus escalas— sufrida e "incorporada" al pozo negro de las ausencias insondables.

Una experiencia clínica valiosa no debería despreciar los sentidos de los valores económicos, tópicos y dinámicos, que poseen las "ingestiones" metabolizadas por los sujetos melancólicos, así como sus interminables recurrencias.

La otra gran línea es la de la identificación histérica. Integra un orden similar al de la identificación onírica. Los deseos sexuales son figurados mediante la ensoñación y escenas sintomales. Además se expresan en mociones pulsionales, elementos significantes, múltiples íconos y restos de todo tipo apresados en los mismos flujos deseantes.

En las identificaciones histéricas, a diferencia de las melancólicas, no existe distanciamiento, sino una hiperconexión, movida por una *transacción* con algún rasgo de lo deseado, para *apañárselo* en cuanto el interesado se distraiga con las sinuosidades del cuerpo-síntoma.

Freud describe ese mecanismo en *La interpretación de los sueños*, aclarando que "la identificación (histérica) no es una simple imitación, sino una

---

objeto designable o un observable inmediato. Un ejemplo de esa ambigüedad es notorio en la escuela francesa y en su grupalismo teórico-práctico.

apropiación (*Aneignung*) basada en la misma causa etiológica...", que muestra una equiparación y tiene relación con una *comunidad* inconsciente, mientras que la imitación se mueve en el plano conductual, lo cual no es un problema menor.

En las identificaciones mencionadas se *tragan* los valores, casi siempre se *asimilan* con sus cualidades alimenticias más destacadas, son parte del metabolismo adaptativo fallido de la histérica. Por eso ésta juega a ser la que podría aceptar cualquier propuesta, montarse en la insinuación al *toque*, dejarse estar en una moda o en un rechazo ostensible, centellear como una "*star system*" o simular convertirse en un tarzán muy *mono*. Pero simultáneamente, lo que no concede es el régimen de apropiación selectivo de una "propiedad" valiosa de otro, poco importa si positiva o negativa.

Agenciamiento de "una sola vez", más no sólo *de un único rasgo* (*einziger Zug*), sino de una inserción en una *comunidad* estelar y deseante.

Cabría preguntarse ahora sobre la necesidad de desidentificación en este plano. Estimo que debería enfocarse hacia aquellas identificaciones que funcionan como un *cerrojo*, en el doble sentido del cierre en una *fijación* y de lo que escapa a la vista por habitual, lo que obliga poderosamente a *cerrar los ojos*.

Este es el caso, por ejemplo, de la doble identificación de Dora. Con su padre mediante el inicio de la "tos nerviosa". Con la psicosis de ama de casa de su madre, por vía del "catarro" que la "partía en pedazos". Ahí donde Freud convalidó el *cerrojo* en lugar de desidentificar a su analizada, destrozando su núcleo de captura.

Pero esto merece una valoración distinta cuando se trata de esas identificaciones que el sujeto realiza como un *viaje* hacia otras geografías. Es el asunto, por ejemplo, de la identificación ocurrente relatada en *El sueño de la ingeniosa carnicera*, donde, a través de un trabajo sublimatorio, el paciente accede a un placer socialmente sancionado.

Es el momento de diseñar un nuevo punto de arranque, un *desborde*, si queremos llamarlo así, de lo que veníamos considerando. En sus huecos seguirán reposando los actos de composición (no existen las aprehensiones inmediatas de esos hechos singulares), las discordancias, los inacabamientos, los nudos patológicos, los desplazamientos curativos, etc., es decir, de todas las elaboraciones anteriores.

En ellos insistirá ese corte —como dice Piera Aulagnier— entre "lo simple y lo deseado" y "lo nunca alcanzado", brecha donde las identificaciones operan. Aunque también esperamos rebasarlo como único *modus operativus*. Construir una especie de plataforma que posibilite el salto en la exacta medida en que ofrece una firme resistencia.

Pasando a otras tierras

Enlazada y en fuga con las líneas de las identificaciones narcisomelancólica e histérica, resta el boceto de una tercera, peculiar y distintiva de los fenómenos colectivos, sean especificados como fueren en las experiencias grupales, institucionales, comunitarias o en las huellas de una tradición cultural.

Para unos, esta tercera forma de identificación es el tropiezo de Freud, su "mal paso", similar al que dio Marx con su idea sobre el fetichismo. Por eso fingen que no lo dio en la dirección correcta (*la* clínica), que fue una de sus "licencias", y prefieren ignorarla olímpicamente, quedándose con la remisión constante de la identificación narcisista a la histérica o viceversa, ya sea para oponerlas, distinguirlas, para buscar las semejanzas o uniones en una definición estructural e inequívoca.

Para otros, el paso ha sido efectivamente dado, pero como un mero *pasaje* a las aventuras del psicoanálisis en otros campos del saber y la cultura. Se trataría de "múltiples aplicaciones" fuera del espacio clínico *pertinente*. De ahí que, a menudo, caiga en impertinencias. Sin embargo nos asalta una duda, ¿acaso *la* clínica no es ya un campo de *aplicaciones* diversas?

Ambas posturas por omisión o agregación concuerdan en condenar el extravío del que se interna en "zonas pantanosas".

Apenas finaliza la descripción de los dos tipos de identificaciones sintomales, Freud introduce un "tercer caso de formación de síntomas particularmente frecuente e importante en que la identificación prescinde por completo de la *relación de objeto* con la persona copiada".

La chica que en el pensionado[66] recibe una carta de su amado, con ella los celos de sus amigas, con ellos sus ataques histéricos y por los canales identificatorios de sus compañeras con dichos ataques, eslabona una cadena donde surge un *tercero* todavía restringido, que funciona como punto de coincidencia entre dos *yoes*, una "comunidad" que, mientras más significativa sea, "tanto más exitosa podrá ser la *identificación parcial*, y, así, corresponder al comienzo de un nuevo vínculo".

Ahora bien, cuando se desliza ese *tercero* suceden varias cosas. Primero, una cierta independencia de esta modalidad identificatoria de las precedentes. Segundo, no requiere para su formulación las

---

[66] "De pensionado" llaman algunos a esta identificación. Después veremos cómo se supera esa mención descriptiva y equívoca.

nociones de "regresión" ni de "relaciones de objeto". Pueden intervenir, pero como derivaciones, sin
que funjan como principios demostrativos.

Correlativamente emergen las identificaciones
con su carácter paradojal, donde se afirman, de manera simultánea, dos sentidos contradictorios. De
ahí que sea más importante el *acto temporal* (la *ac-
tualización* y demás que guarda la *Identifizierung*)
de constitución de su lógica —borrosa, imprecisa,
ambivalente— que la lógica explicativa de su formación.

En tercer lugar, la creación de un "nuevo vínculo" da un sentido más preciso y global al enunciado
de que las identificaciones son, generalmente, agenciamientos de un "único rasgo" (*einzinger Zug*),
mediante los cuales la totalidad, unificación, mo-
delización, etc., quedan *rasgadas* definitivamente.

Y por último levanta las compuertas para que
fluyan algunas *consideraciones intempestivas*.

Observamos, por otro lado, que los ejemplos sintomales escogidos para ilustrar las distintas identificaciones, pertenecen a una región clínica, la de
las neurosis. Otras no son tocadas. Pero inmediatamente exhibidas, aquéllas deben abandonarse como
pruebas argumentales.

Apenas termina de figurar el clima "de pensionado", Freud extiende su hipótesis de trabajo y con
ella el espectro de las posibilidades clínicas, todavía

hoy desdeñadas. Enfatiza, "ya barruntamos que la vinculación recíproca entre los individuos de la masa tiene la naturaleza de una identificación de esa clase (mediante una importante comunidad afectiva) y podemos conjeturar que esa comunidad reside en el modo de vinculación con el conductor".

A continuación se remarca, como ayuda-memoria, que el problema de las identificaciones está "muy lejos" de haberse agotado (indicación que recuperamos por su vigencia) en la contemplación de sus "rasgos".

Ahora avanza por desfiladeros metaverbales, *empáticos*, que plantean dos nuevas cuestiones, ¿qué es un cuerpo en un proceso identificatorio? y ¿qué implica considerar a éste como un régimen afectivo irreductible a sentimientos, emociones o estados parecidos? Las dejamos boyando como señales de futuras indagaciones.

La identificación referida en el texto crece en una *comunidad* que estriba "en el modo de vinculación con el conductor", sea éste una persona, función o *idea*. Con ella surge una modalidad característica de las formaciones de masas, de sus distintas historias, tipos de *cohesión* y canales de subjetivación.

Por esa "propiedad", *una* masa primaria es percibida y descripta como "una multitud de individuos que han puesto un objeto, uno y el mismo, en el lugar de su ideal del yo, a consecuencia de lo cual se han identificado entre sí en su yo". Y ello admite ser metapsicológicamente diagramado, designe el gráfico la constitución de un grupo dirigido, coordinado, monitoreado, etc., o de una muchedumbre liderada con fines inconfesables.

Así un simple esquema de transmisión que busca asentar el comienzo de una problemática, produce la ilusión de que se ha llegado al carozo de los problemas reales.

En ese instante finaliza un movimiento de la reflexión freudiana *en* nosotros, del tercer aspecto de las identificaciones, que denominaremos "situacional" o, más precisamente, *coactual*, ya que ningún acto clínico —comprendido en esa tercera instancia— escapa de la *coactualidad* en el uso de sus dispositivos, procedimientos, enunciados e incertidumbres. Tampoco del social-histórico donde opera como tal con un sujeto singularizado, y por esa razón no-individual.

Antes de explayamos sobre la identificación *coactual* son necesarias algunas ligeras observaciones acerca de creencias y cegueras muy difundidas.

Alusiones, ilusiones, reacciones

Cuando mencionamos la palabra *masa* se disparan las fantasías más arbitrarias e ignorantes. Se movilizan prejuicios muy arraigados y comúnmente brotan en nosotros los sentimientos de autoestima, discriminación y superioridad que nos resultan insoportables en los venerables otros.

Cualquier mentecato se considera por encima del *vulgus*, cuya vulgaridad carece *a priori* de valor. La *masa* ha servido casi siempre para otorgar cualidades *valiosas* a su simulacro de oponente, el individuo. Y esto no es más que una trivial ironía. Para que todo ello suceda presiona una larga tradición y un ejército de portavoces reaccionarios, es decir, que *reaccionan* automáticamente, con respuestas programadas a los fenómenos colectivos. E incluyo entre sus órdenes los grupales.

Es innecesario desarrollar aquí una compleja arqueología sobre el asunto, que permitiría evaluar la herencia recibida. Pero no es ocioso trazar un panorama indicativo. Nos ayudará a elucidar la cuestión planteada.

Desde los albores platónicos, *La república*, esa "bestia enorme y poderosa", no tiene sabiduría ninguna, está surcada, como se dice en *El Critón*, por la "mediocridad" y yerra en "el reino del azar". Sin embargo a ella no pertenecen sólo los de "abajo", sino también esa minoría "perversa y refinada", las élites de demagogos, políticos y sofistas.

Este argumento resuena en F. Nietzsche, quien denuncia a la modernidad como el "reinado de la

plebe", como la invasión de los "hombres grega-
rios", infiltrados en números relativamente pequeños en un "mundo superior" (definido por lo ético-
creativo, antagónico de lo elevado) para el cual no
están preparados. Son los "epilépticos del concepto", la *chusma* que, a diferencia de la "mayoría",
está constituida por muchos *pocos*.

Sin embargo, entre Platón y los romanos primi-
tivos (a.C.) hay una pausa no catastrófica ni desca-
lificadora de lo que ellos llamaban el *pueblo romano*
(opuesto a la nación de los Macedonios e Hispanos)
portador de la *virtú*.

Cicerón la anula con su apología de los *buenos*
(senadores, ricos) contra sus enemigos (malos, perdidos, ladrones, sediciosos), la *plebe urbana*. Aunque para Salustio las miserias y desposesiones eran
las causas principales de las "bajezas" y "vilezas"
de los *plebeyos*. Entonces el *popul(us)acho* comenzó
a exigir *pan y circo*, expresión creada por el pueblo
para reivindicar su derecho al ocio, según Juvenal,
y que el Estado romano se encargó de satisfacer para mantenerlo alejado de sus designios. Así el pan
y el circo fueron la *burla y el alimento* de los bajos
instintos populares, que retroalimentaron tan bien
Hitler, Mussolini y Franco.

Con Maquiavelo el estado y sus avatares deben
entenderse desde el pueblo. Para el gran florentino,
ciertos males como la ambición, la acumulación de

poder, el abuso en las funciones que han sido delegadas, etc., son la causa por la cual un pueblo pierde su *civilidad*. Por eso el jefe debe sobresalir por su fortuna y "virtú" en el ejercicio del poder. Aunque la paradoja de Maquiavelo actualiza su pensamiento, puesto que los "boni" y "honestos" son excluidos de los espacios de decisión, debido a su rectitud e intransigencia.

La pendulación respecto del rol del pueblo, la muche-dumbre, los muchos, la plebe, el *uno*, los proletarios, los rústicos, la masa, etc., es constante. Por momentos es sostén de los valores más puros y las más nobles acciones. En otros mancha lo que toca y alienta los excesos y la promiscuidad, y como "villana" es la base de toda infamia y aventura demagógica.

Así veía el protestantismo, con Lutero a la cabeza, a esas "hordas ladronas y asesinas de los campesinos" (nombre del panfleto escrito contra ellos), cuyos desgarradores sonidos estomacales generaban el "caos", el "desorden", la "confusión" y una execrable "homogeneidad emocional". Bajo ese orden adjetivo tanto Lutero como Calvino censuran la *Revuelta* de los campesinos hambrientos y el movimiento *Anabaptista*.

Sobre el *fondo* esbozado se destaca la función de las masas modernas, según la versión liberal de Tocqueville y Stuart Mill. Para el primero la *igual-*

dad de las mayorías es un *hecho* que debe encua-
drarse en el marco de la ley (isonomía). Mientras
el *igualitarismo* es la doctrina que avala la igualdad de derecho y la desigualdad de las condiciones
materiales. Sólo en esa asimetría se logra la libertad efectiva, como es obvio a partir de diferencias
netamente externas.

Stuart Mill asume puntualmente la concepción
de Tocqueville. Y para ambos las masas modernas,
estudiadas por el último en Norteamérica, se definen por la "uniformidad", "mediocridad", "irrele-
vancia", "homogeneidad", "nivelación", "antiinte-
lectualismo'", etc. Multitudes compuestas por individuos desconectados, temerosos, aislados, como lo
intentará demostrar muchos años después D. Ries-
mann, para quien cuatro o cinco personas sin comunicación alguna forman una "muchedumbre so-
litaria" (se puede estar solo en grupo) que tiende,
en los desarrollos posmodernos de Baudrillard, a la
"implosión" característica de las "mayorías silen-
ciosas".

Pero el verdadero hito de la concepción moder-
na sobre las masas aparece en la última década del
siglo XIX con el *bestseller* de G. Le Bon, *Psicología
de las multitudes.*[67] Durante la década mencionada

---

[67]Le Bon usa multitud (*foule*) y no masa (*masse*), porque
se halla muy cerca de lo que quiere evidenciar: lo loco (*fou*)
anida en la multitud. Claro que no me refiero a la *intención*

y las cinco primeras del siglo XX la actividad de los "psicólogos de las turbas" se tornó una profesión rentable. Por eso no es ocioso reiterar que *Psicología de las masas* de Freud es una forma específica de intervención en un campo de saberes constituidos, incluido el de dichos psicólogos, que no puede ignorarse cuando se estudie o busque aprovechar contemporáneamente la emergencia de un pensamiento singular.

En el texto de Le Bon la *homogeneidad, nivelación, igualación* y demás atribuidas a las masas sufren una impostación legal. Las adjetivaciones toman el rango de "ley psicológica de la unidad mental de las multitudes", basada en un poderoso régimen causalista (donde titu-bearon las ciencias físico-matemáticas, la psicología y el psicologismo establecieron sus certidumbres) articulado por el sentimiento de invencibilidad, el contagio y la sugestionabilidad "natural" de las "masas psicológicas".

Esas causas mostraban un alud de nuevas propiedades de la *bestia*. Ahora se le agregaba lo impremeditado, la falta de "voluntad perseverante", la inmediatez, la credulidad, el emocionalismo acrítico, los sentimientos de simpleza, exaltación, om-

---

de Le Bon, sino a lo que en la lengua habla por él. Por otro lado esa resonancia es viabilizada conceptualmente en su texto.

nipotencia y extremismo, el desconocimiento del límite, la duda, las incertidumbres y las inhibiciones, etc.

Toda una *ideología del desprecio* que tenía como personaje central al individuo, quien rentabilizaba sus dominios a costa de una brutal división.

Pero lo anterior no es todo. Vuelvo a repetir algo ya señalado. La nota relevante de las masas es que piensan por "imágenes" y para excitarlas sólo hay que "pintarles las imágenes más vivas".

Bueno, lo que Le Bon achaca *individualmente* a su contraparte (siempre que supiéramos qué estamos diciendo con "pensamiento en imágenes", "imaginario", etc.), es lo que usa para investigar las multitudes, o sea: el análisis *in efigie*, un procedimiento de decodificación mediante secuencias de imágenes en distintos niveles de visibilidad (instituciones, clases sociales, jurados del fuero criminal, turbas de la noche de San Bartolomé).

Tal examen es similar, en parte, al que utiliza Freud durante su exposición morfológica de las masas. Sin embargo hay que remarcar una cosa curiosa en este punto. Son Freud y Tarde, defensores de lo singular, contra Le Bon y Durkheim, quienes han planteado el aspecto más progresista de la cuestión colectiva. Lo enfatizo por el manso olvido de sus seguidores respecto del asunto.

No es de extrañar, entonces, que en el mismo año en que se publica *Psicología de las masas*, 1921, Le Bon obtenga un éxito resonante con *La psychologie du socialisme*, cuyas dos hipótesis básicas eran el predominio de la irracionalidad y la eliminación de la vida consciente de los individuos. Mientras que Freud exclamaba nostálgico, respecto de la revolución de 1917, "¡Cuán apasionante habría resultado este tremendo cambio si nuestro pensamiento no estuviera dedicado a la paz!". Aunque siempre rige, para el psicoanálisis, el dicho: "si quieres conservar la paz ármate para la guerra"... de las pulsiones, se entiende.

Vastos sectores culturales, las diversas y caprichosas maneras de institucionalización del psicoanálisis, los valores circunscriptos de sus agentes, los verosímiles en curso, la imposición de creencias y pertenencias, las limitaciones formativas, etc., han contribuido a expandir un punto de vista bastante unilateral sobre los procesos masivos, grupales e institucionales, que adolece de un inconsciente "lebonismo", distante, en muchos puntos, de Freud. Si bien éste absorbió los golpes de una empuñada tradición sobre las formaciones colectivas, se repuso ampliamente de ellos.

Coherente con su *ambivalencia*, también metodológica, señala las *defecciones* de la homogeneidad, de la neutralización temporal de ciertas funciones, de la igualación y depositaciones masivas, etc. Pero, asimismo, exalta sus *virtualidades* creativas (lingüísticas, imaginativas, artísticas), *morales* (abnegación, desinterés, "moralización del individuo por la masa"), *solidarias* (cooperación, desaparición temporaria o duradera de la intolerancia, acciones que trascienden lo ventajoso), *estimuladoras* ("consagración a un ideal", que es subsumido en una nueva creencia), de *importancia clínica fundamental* (limitación de la paranoia y la agresividad, resolución de los celos rencorosos, restricción del narcisismo y sus plegamientos psicóticos).

Y, finalmente, dos dimensiones que hacen a la misma constitución del *socius*: respeto por la "especificidad del otro" (nota que se guardó como tesoro individual) e identificaciones lábiles con los orillados, expropiados o perseguidos por micro y macro aparatos de sumisión, reactivando culpas arcaicas, tallando culpables o haciéndolos desaparecer efectivamente, sea por razones psíquicas o de Estado, que tienden a manifestarse sintomáticamente como *estados de ánimo* culposos.

En las veloces reflexiones previas aludí a ciertos *rasgos* de creencias identificatorias no menos *primarios* que los de edades tempranas. Lo temido ahí es la siniestra irrupción de la "masificación" (órdenes no previstos) en lo familiar edípico, induciendo la existencia de un tipo de *comunidad* insospechada e inquietante. En suma, la terrorífica *desingulariza-ción* que se produciría en las masas, por ubicar un objeto-idea[68] en lugar del ideal, requiere para tener algún sentido —menos pavoroso— de las *condicio-nes* en que se practica, vive y enuncia tal ilusión óptica; así como el de su correspondiente *singula-rización*, ya que ésta puede potenciarse o no en los procesos colectivos. Y quedar anulada o estimularse en otros ámbitos.

El sujeto de una experiencia clínica puede ser un "individuo masa"[69] fascinado en una "masa de dos"[70] terapéutica, no menos peligrosa, castradora e inservible que las grandes, regulares o pequeñas maquinarias sociales. Por eso es necesario conocer la *situación* y *coactualidad* del referente identifica-torio. Y por ello es baladí generalizar la panacea desidentificatoria.

Retornos

Cuando se completa el diagrama identificato-rio, queda prefigurada una idea global de *situación*. Ella, a su vez, *coactualiza* otros espacios de análi-sis, sus temporalidades, dispositivos, peculiarida-

---

[68]Véase en nota 47 una línea para pensar la complejidad del vocablo.

[69]Término acuñado por Freud.

[70]Idem.

des, etc., cruzándolos con la multiplicidad de series disparadas durante el quehacer clínico.

En ese movimiento *ambivalente*, sin embargo, dicho diagrama ha sido comprendido en su especificidad y rebasado en continuidad, más allá de lo sintomal y la red edípica como formas unilaterales de explicación.

Así la *coactualidad* de la identificación "puede nacer a raíz de cualquier comunidad, que llegue a percibirse en una persona que no es objeto de las pulsiones sexuales". Por este párrafo *pudo nacer* más de un horror psicoanalítico. Y se tardó un segundo en dictar sentencia: las masas atentan contra la *sexualidad*, la evaporan, y con ella la misma doctrina analítica. Habrá, entonces, que validar los derechos parcelarios, *reterritorializar* lo fugitivo y hacerlo andar por los conductos acostumbrados. En ellos cualquier duda desaparece.

El marco "estrictamente psicoanalítico" debe conjurar cualquier extranjería masiva, perturbadora. Su función relativa a los planos de la fantasía o lo simbólico, estructurados histórica y lingüísticamente, no requiere otras instancias, para sus determinaciones, que las narcisistas, familiares, circunscriptas a semejanzas puntuales, es decir, lo "propio" e "individualizable", en una tarea humilde y, en cierta medida, burocrática.

Fuera de sus pactos íntimos existen realidades ingentes, constituidas e impropias que, según el archivo conceptual, son parte de otras geografías. Pero veamos si ocurrió el desvanecimiento de la sexualidad durante los procesos de identificación en el acontecer colectivo. Acoplemos la referencia previa de "una persona que no es objeto de las pulsiones sexuales", con otra que le da su precisión conceptual. El *ser-función-lugar* que "no es objeto" (anobjetal) opera, realmente, como "ausencia de una aspiración *directamente* (subrayado mío) sexual".

Lo anterior es sobresaliente en varios aspectos, aunque lo más "interesante (es) ver que justamente las aspiraciones sexuales de meta inhibida logren crear ligazones tan duraderas entre los seres humanos".

Pulsiones y destinos de pulsión introduce, como una de las claves de la solidaridad y consolidación sociales, el eficaz *trabajo sublimatorio*, no de su moral ascética, del que todavía sabemos poco y nada.

Entonces, ¿se ha resignado la sexualidad? Obviamente, no. Lo que se ha diferenciado netamente es la identificación, donde el "yo se ha enriquecido" de la *servidumbre enamorada* (regida por lo *directamente sexual* o genital), donde resta "empobrecido". De ahí que el yo sea algo distinto a un "cementerio de identificaciones", y tampoco pueda extraerse, de una orientación tal, un lema *in abstracto* como aquel de la *desidentificación*.

La sexualidad sigue habitando ahora en los "sentimientos tiernos", "eróticos", "amorosos por el otro", altruismo paralelo al egoísmo que recorre el espinel de las autotrampas que muchos analistas se tendieron. Sus mismos sustos provienen de la caída en lo que gastaron tanto papel por discriminar: la confusión habitual entre sexualidad y genitalidad, que le valió al psicoanálisis el mote inadecuado de "pansexualismo" (como a la psiquiatría materialista el de "freudomarxismo"), y del que Freud decía que "si a eso se hubiese reducido mi aporte, no hubiera creado más que una nueva servidumbre".

Coactualidad ilimitada[71]

---

[71]El proceso *coactual* es inacabable por la virtualidad indecidible que lo impulsa. En él se suceden los *instantes* que congelan el flujo temporal, así como los movimientos que lo cortan de manera móvil, produciendo cambios cualitativos en una duración determinada. *Per-durar* (o su estado "perdurable") es un tránsito a través de lo que dura. Todo lo contrario a la "falta de tiempo" o el "para siempre". Habla de modificaciones efectivas en una situación *coactual* y cómo en ella se movilizan tiempos y transformaciones a menudo imperceptibles.

En este preciso sentido se dice común y equivocadamente que un hecho histórico o un acto identificatorio son *eternos*, puesto que en su acontecer no terminan de pasar. De otro

De la escena edípica
a la arena social-histórica

El individuo[72] es un *revoltijo*, una maraña, como señalaba al comienzo, de identificaciones que movilizan y alteran la paz de los sepulcros. Ellas provienen de los reservorios más disímiles, "masas" simbólico-tradiciona-les, artificiales, naturales, restringidas, de guerra, políticas, mass-media, etc.

Escogí dos *situaciones coactuales* —habría muchas otras— que servirán para ilustrar lo que vengo elaborando. No mantienen una relación de interioridad o exterioridad con el ámbito clínico, ni exigen el esfuerzo de meterlas a presión en sus dominios, pues fenómenos de este tipo muerden repetidamente las asociaciones, el cuerpo reclinado en el diván o haciendo ángulo con la pared, en las miles de formas de enunciarlas, y más aún, cuando son menos explícitas.

Situación I

En *El porvenir de una ilusión* nos topamos con una primera situación generativa. Es de orden res-

---

modo no se entiende cómo podrían "actualizarse" en alguna dirección.

[72]En el sentido, ya mencionado, que tiene en *El yo y el ello*, "un individuo es ahora, para nosotros, un *ello* psíquico desconocido e inconsciente".

trictivo y está referido a determinados sectores y estratos sociales. Desde ella emergen disposiciones "envidiosas" que van de los postergados y desposeídos a los explotadores y acumuladores de emblemas, privilegios y signos monetarios, a través de un "plus de privación", contracara en el orden de las necesidades, de una concreta exacción de valor.

La conexión de esta idea, en unos cuantos párrafos, ilumina un aspecto fundamental de la *coactualidad* que mencionábamos. El resultado de tal expropiación *en masa* tiene un resultado previsible, "se consolidará cierto grado permanente de descontento dentro de esa cultura, que puede llevar a peligrosas rebeliones".

Las causas se originan en una cultura[73] que "no ha podido evitar que la satisfacción de cierto núme-

---

[73]La noción de "cultura" en Freud, es polisignificativa. Por una parte adopta la versión antropológica del asunto, todo lo adquirido por el hombre en su afán de dominar a la naturaleza. Por otra "comprende todas las normas necesarias para regular los vínculos recíprocos entre los hombres y, en particular, la distribución de los bienes asequibles". Pero, en un tercer aspecto, a mi entender el más importante, asimila "cultura" a "civilización", es decir, aumento de la represión y el control en sentido amplio, de la apropiación y el despojo masivos, de los imperios "axiomáticos" (cuyo mejor ejemplo son el dinero, los mecanismos de sometimiento, etc.), y la acumulación de poder en el Estado, que "no desea anular la violencia, sino acopiarla toda para sí, como la sal o el tabaco".

ro de sus miembros tenga por premisa la opresión
de otros, acaso de la mayoría (y es lo que sucede
en todas las culturas del presente), es comprensible
que los oprimidos desarrollen una intensa hostilidad hacia esa cultura que ellos posibilitan mediante su trabajo, pero de cuyos bienes participan en
medida sumamente escasa".

El trozo citado parece destilar un olor económico, socioanalítico o psicopolítico. ¿Será ése su sentido? Una de las fuentes principales de la "intensa
hostilidad hacia..." es la insatisfacción del gran número, la escasa participación en los bienes y las decisiones, etc., en suma, la acentuada marginación
y desafiliación de los campos socio-laboral, parti-
cipativo y de consumo. Por eso "una cultura que
deja insatisfechos a un número tan grande de sus
miembros y los empuja a la revuelta no tiene perspectivas de conservarse de manera duradera ni lo
merece".

Admoniciones, premoniciones y amarguras sur-
can las líneas previas y no son meras quejas libe-
rales ante un estado de cosas calamitoso, sino que
penetran en el reservorio mismo del patrimonio cultural para instalar en él una *economía* indiscernible
y tan "alucinatoria" como la del aparato psíquico,[74]

---

[74]Para una mirada ingenua que parte de la realidad como
cons-tituida, las ideas de "plus de privación", "satisfacción
de necesidades", son tomadas como pasibles de ser inmedia-

o sea: "de las *valoraciones* que indican cuáles son
sus logros más supremos y apetecibles".

La axiología se *carga* a los "ideales" que presi-
den lo que en cada "círculo social" se evalúa como
una conquista. Y por ello "la satisfacción que el
ideal dispensa... es de naturaleza narcisista". Sobre
tal naturaleza narcisista se monta una brutal ideología del "menosprecio" que pagan los demás a un
alto precio, y se define taxativamente por lo que
excluye. Así en la satisfacción narcisista proveniente del ideal de cultura funcionan *varios puntos de
ensilladura.*

El primero *marca* una trayectoria que posee un
re-ferente clínico nodal —el narcisismo— y una referencia social-histórica predominante. La relación
entre ambos procesos es *indeterminada*, no analógi-
ca o dicotómica, operaciones tendientes a convertir
criterios en principios de fundamentación.

El segundo *induce* un vínculo especular, modelo

---

tamente resueltas o postergadas. Sin intentar abrir aquí una
polémica que exigiría pruebas y argumentaciones rigurosas,
y no sólo de tipo indicativo, podemos aseverar que las llamadas necesidades "sociales", e incluso las "fisiológicas" más
sencillas, son altamente mediatizadas y atravesadas, por lo
cual su observación sólo pone de relieve el nivel *incontinenti*
del individuo o grupo, o sea: un registro de consumo indivi-
duado, que difiere de la producción específica de la necesidad
estimada, su circulación y sus complicados modos de intercambio.

de "reconocimiento" del otro, a partir de la pertenencia y el orgullo de "ser miembros de la misma cultura".

El tercero *promueve* la ilusión de participación igualitaria en los beneficios que otorga la unificación de los bienes culturales, puestos a disposición de todos. Alucinación catapultada por el *desprecio* a lo no familiar, ominoso, "allende fronteras", cholo, turco, árabe o chivo emisario de turno.

El cuarto *remarca* el estado de individuo en el momento de emergencia de los estados nacionales como *indivisos* (esta noción les daba identidad) frente a las amenazas extranjeras.

El quinto *amplía* el yo ideal(izado) en la satisfacción narcisista del ideal yoico de cultura, vuelta sobre el ombligo de un yo chauvinista, que participa del "espíritu del pueblo" en el entrechocar de un vaso de vino o cerveza.

El sexto *define* a cada uno desde "sí mismo" y a los demás como extensión de *uno* mismo. El *ideal* de la disgregación como cultura del "único", endiosado en la figura del "número uno" deportivo o cinematográfico.

En los repliegues narcisistas se fabrican laboriosamente las condiciones que desembocarán en la "identificación con el agresor" situada en el texto como la "identificación de los oprimidos con la clase que los sojuzga y explota...". Base justificatoria de cualquier agresión sectorial, desaparición ocasional o distribución genérica de la culpa por tales hechos, que la torna estadísticamente irrelevante.

"Todos somos culpables" es un designio teológico, usado como razón de algún terrorismo bien conocido que posee un soporte inconsciente: *la identificación con el agresor*. Por ella no se mira lo que se vio, y el recuerdo se vuelve una experiencia "profundamente dolida", insoportablemente culposa.

En la *situación* clínica se *coactualiza* esa multiplicidad espectral, avasalladora. Entonces el quiebre narcisista y la consecuente *desidentificación* con el agresor se vuelven el garante de una nueva dirección de la cura, que matiza los investimientos egológicos, retrae la exacerbación paranoide y procura una convivencia menos enajenada.

Sin embargo, no podemos recluirnos en la desidentificación de esos mecanismos de clausura, sin el *valor identificatorio* que nos hace impulsar las creaciones colectivas, realzar lo marginado por sus conductos y fortalecer "los sentimientos de identificación —como afirma Freud— de que tanto necesita todo círculo cultural"; así como el acto clínico, teñido por las sombras dolorosas del pa(de)ciente.

Situación II

Venimos detectando en algunos hitos concretos cómo la arena social-histórica mantiene estrictos planos de *transversalidad y consistencia* con la escena clínica y los dispositivos implementados en ella. Tal rebasamiento no es exterior a esa "puesta en acto", sino un auscultamiento *inmanente* de la misma. Faltará saber, y eso es impredecible, cómo se da en cada caso. Sobrepasar las "formaciones de síntoma" tampoco es un olvido o lateralización de lo pertinente, es ubicar la *pertinencia* en el devenir del inconsciente. Desde lo que el psicoanálisis abrió comprendemos que con los ejemplos "tomados de la patología" no se agota "la esencia de la identificación".

Los encomillados son las primeras líneas de una nota agregada tardíamente al capítulo VII de *Psicología de las masas*. Es inequívoca su potencia *coactual*, la urgencia de su inclusión y la importancia de los procesos identificatorios ante la megamáquina persecutoria, destructiva y mortal que funcionaba a pleno durante el nazismo (valga el armado "uso nostro", el de un ejército que ocupó su propio país).

Dicha nota está tramada en *Consideraciones actuales sobre la guerra y la muerte*,[75] *Lo perecede-*

---

[75] *Zeitgemässes über Krieg und Tod* dice el título del en-

ro, Lo siniestro, ¿Por qué la guerra? (carta abierta a Einstein, 1933), etc., y la mutación teórico-clínica que significaron para el Psicoanálisis los estudios sobre las "neurosis traumáticas" que la "espantosa guerra" había hecho surgir en todo su angustioso y funesto esplendor.

Frente a la socialización de la paranoia, la disolución de vínculos elementales, la idealización del "uniforme" (equivalente a *el* orden) en el semejante, la pulverización de cualquier encuentro fuera de los lugares previstos, la inflación del ego grandioso y la devaluación monetaria, la hiperinflación, el ingreso para sobrevivir sometido al *honor-ario*, la falta de soportes grupales, institucionales y comunitarios, la tortura y la agresión como rutinas, el quebranto de las ceremonias cotidianas, etc. (¿suena todo esto en nuestra afinada escucha?, ¿es *ello* del registro inmediato?).

Frente a ese alud resulta imperdonable —terapéutica y humanamente para Freud— una *desidentificación* mesiánica. Así lo estipula de manera transparente, cuando advierte, "hemos dejado una parte intacta en el enigma de la formación de masa.

─────────────────

sayo, no tanto *temas* (salvo en su sentido de *locuras*) de actualidad sobre... o *consideraciones*, sino más bien conforme a lo que en este tiempo actual deberíamos considerar necesariamente intrínseco, por ejemplo, de las neurosis de guerra, las cuales sustentan muchas de las hipótesis de *Más allá del principio de placer*.

En este punto debería intervenir un análisis psicológico mucho más radical y abarcador. Hay un camino que lleva desde la identificación, pasando por la imitación, a la empatía, vale decir, a la comprensión del mecanismo que nos posibilita, en general, adoptar una actitud ante la vida anímica del otro. Queda mucho por esclarecer también en cuanto a las exteriorizaciones de una identificación existente. Tiene como consecuencia, entre otras, que se restrinja la agresión hacia la persona con la que uno se ha identificado, se la perdone y se la ayude".

Valga la extensa cita como rúbrica a mi idea de *identificación coactual*, su función *socius-clínica*, el rol primordial que tiene para la consolidación y solidaridad colectivas, así como para las creaciones perdurables. y su irreductibilidad a las formas de identificación con las que estamos naturalmente familiarizados.

(In)conclusión

El título de este tramo no fue escogido por casualidad. Un laberinto siempre proviene de otros, perspectiva en que se ubica quien lo transita, está inmerso en infinitas líneas de fuga, de falsas entradas y falsas salidas, de órdenes alternativos. El de las identificaciones, en el que nos fuimos internando, llega desde lo que transcurre *entre* las dimensiones de la grupalidad. Absorbe sus reverberaciones y las devuelve con sonidos extraños, minimales, fugitivos de las aprehensiones inmediatas.

Como tal ese laberinto requiere sus propios *diagramas*,[76] haces de luz, vértices de sombras. Es improbable, por su absoluta virtualidad, captado en la imagen plana de la *red* (paráfrasis visual de los conceptos de estructura, sistema, modelo, etc.) donde se *pesca* algún gesto imitativo o se *anuda* cierta mirada pulsativa a un campo representacional que otorga la explicación o causa adecuada de lo que está *pasando*. Caso contrario nos sumiríamos en el caos, el azar y la indiscriminación.

Postura inobjetable cuando se trata de *discriminar* algo o alguien. Bastante cuestionable cuando la cosa es problemática en sí misma, y más cuando están en juego las identificaciones, que no "causan", "justifican" ni "demuestran" nada, sino que componen *regímenes afectivos*, capaces de velocidades meteóricas, de congelamientos extremos, de estallidos y bloqueos, de agenciamientos colectivos imperceptibles, robos privados ostensibles y hundimientos irreparables, cargas estimativas y descar-

---

[76]Según C. H. Sanders Pierce, *La ciencia de la semiótica*, los diagramas son íconos, pero distintos a las imágenes que plasman a un santo, virgen o héroe, pues se trata de "íconos de relaciones".

gas emocionales, etc.

En ese laberinto tan especial comenzamos y declinamos nuestro viaje. Incitando navegaciones por aguas identificatorias, afluentes de ríos subterráneos, plácidos arroyuelos, caudalosos océanos pulsionales o ciénagas idealizantes.

Detectando *escollos*[77] introyectivos y proyecti-

---

[77]Contemplar globalmente las identificaciones bajo las "relaciones de objeto" lleva a dos gruesos errores. El primero surge con el vocablo "introyección" creado por S. Ferenczi. Freud lo utiliza de manera alusiva o referencial al ejemplificar un estado con otro en *Psicología de las masas*. Y particularizado al hablar de la identificación narcisista en la melancolía o en la génesis de la homosexualidad. Aquí se trata de la modificación del yo según su derrotero sexual y acorde al modelo brindado por el objeto. En ambas *patologías* la identificación emerge a causa de lo "introyectado" que no pertenece al *ideal del yo*, sino a una instancia diferente. Esta cara del poliedro hace girar sin pausa ni síntesis al yo, y propicia, como se expone en *Psicología...*, que haya una identificación en "comunidad parcial" con otros sujetos, sin necesidad alguna de apoyo objetal o peregrina "introyección".

Un segundo atolladero aparece cuando la nueva modalidad identificatoria expuesta en el ensayo citado sirve como pretexto teórico, o se la sitúa como precedente obligado del mecanismo de "identificación proyectiva". Ambas no sólo avanzan por distintas vías, sino que son antagónicas. No hay una línea en el escrito original que autorice el endoso. Sin embargo esa caprichosa atribución hizo escuela. Y tal incompatibilidad ocurre por muchas razones. La "identificación proyectiva", según M. Klein, quien la formuló, entraña

vos de curso único, de la igualación del individuo, de la caída por los peñascos de la "mala repetición" identitaria. Fluyendo por lógicas y gramáticas del sentido y el uso, mediante ritmos parciales, balbuceos intempestivos, fallas en los códigos habituales, palabras nómades, empatías intensas y extensas imitaciones, activos sentimientos de sí, pasiones desencontradas.

En suma, *gerundiando* —en un tiempo de las identificaciones— los diferentes modos de decirlas y enfocarlas. *Entre* sus laberínticos pasadizos deslicemos un indicio. Si un sujeto queda atrapado en alguno de sus mecanismos intermediarios, y se cristaliza en ellos, las identificaciones pierden su capa-

---

"una forma particular de identificación que es el prototipo de una relación de objeto agresiva" (he demostrado lo contrario a propósito de *Psicología de las masas*). Este mecanismo, central en la posición esquizo-paranoide, consiste en una proyección fantaseada de las partes del sujeto al cuerpo materno con el fin de controlarlo, atacarlo, dañarlo, etc., desde el interior del *sujeto mismo* (*splitting self*). Además puede ocurrir que la "identificación proyectiva" esté conectada con una "introyección" vivida como una penetración forzada en respuesta a una proyección considerada violenta. Y sabemos que la mencionada "introyección" no es el pivote de *Psicología de las masas*, sino su anécdota. Finalmente la extraña noción de "identificación proyectiva" se opone punto por punto a la *transitividad* de la identificación volcada en el texto.

cidad de enriquecimiento transitorio, para trocarse en eficaces modelos de alienación.

APÉNDICES

Apéndice I. A propósito de psicoanálisis y medicina: qué significa dogmático e impensable en Freud[78]

Este trabajo, como otros anteriores, parte de la conjetura sobre lo que podría ser una intervención de orientación psicoanalítica, o sea: abrir el silencio que guarda la palabra empeñada. En una de las tramas conceptuales freudianas, ese silencio habla a través de vocablos y frases como "dogmático", "dogmáticamente", "certeza inconmovible", "impensable", "sin dudar", "sin pestañear", y derivaciones familiares e imprevistas.

Traducción

El ensayo que nos ocupa, y nos pre-ocupa, es *¿Pueden los legos ejercer el análisis? (Psicoanálisis y medicina). Diálogo con un juez imparcial.*[79]

La extensión y modalidad del título marca la importancia, el momento histórico-conceptual, el tono diagnóstico y el carácter de pronóstico que posee la intervención discursiva y extradiscursiva de Freud.

---

[78]Este texto no se encuentra en ninguna edición anterior a la tercera.

[79]Se supone que era el eminente jurista —creador de la *Teoría pura del derecho*— Hans Kelsen.

¿Por qué traducimos "lego" y no "profano"? En primer lugar, por un motivo trivial, literal, ya que el nombre del volumen dice *"Laienanalyse"*, análisis lego. En segunda instancia, porque la voz "profano" queda asociada involuntariamente a una serie de caracteres y actos reprobables, "profanador" (de tumbas), "profanación" (de templos) y demás apelativos.

El mismo Freud al explicarle a ese "juez imparcial" el descubrimiento psicoanalítico de la sexualidad infantil, destaca que "hombres agudos", en tono subido, la tildaron de "profanación de la niñez". Del sentimiento al ultraje sin pasar por el argumento, parece ser la connotación inmediata de lo profano. De ahí la necesaria distancia con ese término.

Lo Dogmático

El texto está compuesto y dispuesto como una conversación. Hay en él una manifiesta disposición al diálogo. Es uno de los pocos escritos de Freud con esas características. El intercambio dialógico y el interlocutor simulado navegan por un río tranquilo, de mansas corrientes, alteradas una que otra vez por pequeños remolinos y rizos de olas insinuadas. Sin embargo nada es como se muestra. La "psicología abisal" (*Tiefenpsychologie*) que edificó el psicoanálisis no permite que la unidad coloquial anule las diferencias constitutivas. Eso evita que el diálogo se convierta en una "apología". Nada que defender, nadie a quien convencer.

Sólo una exposición, donde un pensamiento se *expone*, aún a los propios riesgos de sus certezas. ¿Será éste el primer atributo de lo "dogmático"? ¿Podemos ignorar de que con él ya estamos en el reino de las atribuciones, de una argumentación opuesta que no escapa de lo que atribuye al otro discurso?

Las certidumbres lanzadas no esperan respuestas para ser revisadas. Son tocadas, antes de cualquier observación, por el propio texto. Así se vuelve activo, pues va trabajando su materia en todos los planos (conceptual, argumental, indicativo, alusivo, etc.) a medida que la va desplegando para su consideración.

Lo que parece, el parecer, es lo que desaparece. Se abandona la pasividad de la reproducción, surgiendo la energía de la síntesis y el mapeo conceptual. Las tonalidades del enervamiento en la conversación son las "coloraciones" de las pulsiones, se tensan por sus conductos.

Por otro lado el mismo relato va modificando sus estrategias. Simula defensas figurativas, ataques profesionales, cuidados territoriales, enfados amistosos, antipatías regionales o la necesidad de ofrecer un dictamen coyuntural a la manera de preguntas variables: ¿pueden?, ¿es posible? O mejor: ¿no será una brutal injusticia con el psicoanálisis que los legos no puedan ejercerlo?

Lo "dogmático" ahora hace bisagra con una postura ética, denunciando con todas las letras una anomalía. El sistema legal bordea su disolución, cuando intenta aplicar ilegalmente una ley que ignora el alcance de su obsesión prohibitiva. Anunciémosle, entonces, que inconcientemente morirá por aquello que desea matar. Sería un suicidio del derecho, torcido por su propio designio.

Con esto quiero sugerir algo respecto del texto freudiano. Siempre debemos situarnos a la altura de su discurso, nunca bajo la conjetura de sus motivos. Pues con su modalidad apunta a la "ficción jurídica", y, en la dirección de nuestro interés, al discurso médico, la singularidad de su transmisión, las formas de su juramentación, los principios de su poder, el abroquelamiento de sus convicciones y las pautas de su formación, emblemáticamente asumidas por el diplomado.

Por eso el trabajo de Freud no satisface una urgencia (él mismo no cree que el cierre de la causa contra T. Reik haya sido un "triunfo" de su libro),[80] sino que la urgencia es puesta en perspectiva desde lo *urgente* para el campo analítico.

---

[80]Deberíamos pensar al revés. El libro se *abre* cuando la causa ya está *cerrada*.

Así lo expuesto "dogmáticamente" responde, es la responsabilidad frente a una pregunta no formulada de manera explícita: ¿qué es el psicoanálisis? "Dogmático" equivale, entonces, a volcar de forma anticipada y oportuna una problemática, rehén de un constante malentendido. Se presenta *como si* "fuera un edificio doctrinal acabado". Pero enseguida comienza a resquebrajarse, "no puedo garantizarle que su actual forma de expresión será la definitiva".

En el sendero de *Pulsiones y destinos de pulsión* desmiente el carácter sacro que a menudo se le achacó. "Usted sabe que la ciencia no es ninguna revelación". Y, más tarde, se precipita en uno de sus rasgos constitutitos, "carece,..., de los caracteres de precisión, inmutabilidad e infalibilidad tan ansiados por el pensamiento humano". Agreguemos: cuando pretende avanzar ilusoriamente mediante un encadenamiento de lumínicas definiciones, incapaces, por definición, de dar sus condiciones de emergencia.

De modo similar a la operación de "degradación" del color en la pintura y del "tono menor" en la música, la de Freud "ahueca" las certezas del dogma, para testimoniar lo cierto de un viaje de invención ("La hemos desarrollado muy poco a poco, luchando largo tiempo para conseguir cada pieza"), anotado día a día en el diario de bitácora. Lo cuál

indica justamente la imposibilidad de ser dogmático, aunque resta, para quién la ejerza, la posibilidad de *ser* necio. Toda argumentación razonable
–antagónica de una "razonadora"–, por más tajante que sea, casi siempre tajea un dogma por el lado
menos previsible.

Los interrogantes y las respuestas, los pedidos
de aclaración y el sesgo explicativo, las réplicas cor-
tantes y la ironía contestataria, los cuestionamien-
tos incisivos y el alegato consecuente, no responden
al afán retórico de persuadir. Tampoco al de una
dialéctica erística, ese arte de discutir, según Scho-
penhauer, "y de discutir de tal manera que uno
tenga siempre la razón, o sea *per fas et nefas*"(con
derecho o sin él). El final del opúsculo confirma estas breves presunciones.

¿Pero entonces de qué se trata? De algo radicalmente distinto, de la *resonancia expositiva* de una
construcción conceptual y un pensamiento afirma-
tivo, a los que se retorna una y otra vez desde diferentes encrucijadas, transitadas cuidadosamente
por el psicoanálisis.

Las señales que vengo dando nos ligan con un
leit-motiv de la travesía freudiana. Es aquello que,
ayer, la "psicología de las facultades", la "fisiolo-
gía de los sentidos", etc, y hoy las "neurociencias",
no pudieron concienciar ni mentalizar en sus esquemas y clasificaciones abarcadoras, es decir, lo "im-

pensable" mismo. Ese es el sentido más fuerte del *artilugio dogmático* —como me gustaría llamarlo— freudiano. Ello nos impulsará, breve e indefectiblemente, hacia otros textos que reverberan en éste. Son huellas indelebles que acuden desde *Más allá del principio del placer* y *El yo y el ello*. Entre guerras, 1920 y 1923, serán amparos de la batalla librada en 1926.

Lo Impensable

La "psicología abisal" opera, y lo hace sin cirugía, a través de palabras que hunden su filo en lo real y en los monumentos corporales.

"Impensable" (*Unbedenklich*) es una de esas palabras. *Más allá del principio del placer* la estampa para señalar el camino curvo del psicoanálisis. Dice ahí "en la teoría admitimos sin dudar, sin pestañear, sin pensar, que el curso de los procesos psíquicos se regula automáticamente por el principio del placer" ¿Pero qué es lo "impensable"? Si dejamos de lado la banalidad de tomarlo bajo una impresión primeriza como "no se puede pensar de otra manera" (S. Fish) o "él nunca podía entender las posiciones intermedias" (E. Jones) y otras confortables personalizaciones que apuntan a destacar rasgos idiosincrásicos en lugar de los conceptuales, veremos que el término rehúsa cualquier prohibición en beneficio de una creación indeclinable.

Es "impensable", "imposible", aceptar un *desvío del desvío* que ya había efectuado el psicoanálisis. El por qué es claro (aunque al interlocutor le suene "ríspido", "inentendible", "misterioso" y demás). Se produciría un retorno indeseable a los territorios de la conciencia, a la síntesis yoicas, a las claves significativas, a las modalidades descriptivas y sensibles de los síntomas, a las evidencias palpables, a los registros de la mirada, en fin, a todo aquello que las disciplinas médicas, la psicología escolar y sus derivaciones, etc., habían realizado con gran idoneidad, no exenta de irrefrenables acentos dogmáticos.

Ahora si, como un implante de su propio modo de transmisión, a diferencia del "tinte dogmático" que colorea la argumentación de Freud, es decir, una posición que evita cuidadosa y respetuosamente abusar de las "luces de la razón", haciendo del psicoanálisis otro capítulo del "iluminismo" o de la "historia del entendimiento". Por eso es "imposible" querer *entender* el inconciente sin el trabajo que lo produce y la "puesta a prueba" —aspecto *docimásico* de lo dogmático— que lo constituye.

"Impensable" y "dogmáticamente" se funden, así, en un tiempo de insistencia, de perseveración; no de la exclusión que atraviesa a las obstinaciones corrientes.

El yo y el ello, supuesto durante todo este relato "lego", da cuenta de lo "impensable" en el nido mismo del aparato psíquico y su conformación. El *yo* del que habla el psicoanálisis se teje desde la superficie de haces perceptuales-concientes a un *omphalos* que escapa de toda representación.

Entre esa "corteza" y ese "núcleo" hay una completa disimetría. Los planos de una y otro son inconmensurables, no pueden medirse ni compararse entre sí, aunque estén fuertemente conectados. Si una trascurre a la luz del día, el otro permanece en la oscuridad. Estos rasgos son fundantes.

Ahí lo dogmático funciona como un guarda de aduana, garantizando que los tránsitos no sean ilegítimos o portadores de contrabandos identitarios. Es decir del malentendido que puebla las traducciones fáciles que van de las síntesis e intencionalidades concientes hasta lo asintético e irrepresentable inconciente, haciéndolo objeto de significación.

La "traducción" (de los sueños, p. ej.) a la que tanto apela Freud es "anasémica", tomando el concepto de N. Abraham y M. Torok, *asemántica*, no traduce el significado de un sueño o un síntoma, sino que lo trabaja a través de una interpretación demorada, sin urgencia por saber *qué* significa tal o cual elemento.

Lo *dogmático*, y la preservación de lo *impensable* es, entonces, ese constante retorno a la diferencia donde el psicoanálisis se ha constituido como ciencia singular del inconciente. Y en la que reanudan simultáneamente convergencias y divergencias, construcciones y métodos, procedimientos y reglas, formas de transmisión e institucionalización que deberán ser congruentes con lo que fundan.

El giro, la intervención y un destino peculiar

Llegados a este punto, el ensayo freudiano hace dar un giro radical tanto a su pregunta vertebral como al tono discursivo. La primera redefine la noción de *lego*, por lo cuál éste surge como resultado de la formación médica, automáticamente autorizado por su titulación para ejercer el análisis.

El interrogante sigue siendo simétrico, pero *invertido*: ¿pueden los médicos practicar el análisis, sólo porque, rápida y equivocadamente, se lo considere como una rama de la medicina? ¿su preparación los dispone, los pone a disposición del análisis o los in-dispone de manera concluyente?

También cambia el tono discursivo, y notamos que toda la demostración impulsada en el texto, era, en verdad, un *acto de desatribución*. Una compleja *intervención* sobre los discursos constituidos (médicos, legales, institucionales), sus hegemonías, la violencia de sus atribuciones e intromisiones, así como sobre las instituciones psicoanalíticas, sus mitologías nacionales, nocionales y estamentarias.

Y se trata aún de una *intervención* más inquietante que las anteriores, mediante la cuál un "lego" podría rotularse inequívocamente: la falta de formación y producción en el campo analítico.

Creo que ésta es la más feroz de las prescripciones, ya que se transforma en un mandato, sin obligación manifiesta, de la implicación efectiva, inexcusable, del candidato. E "inexcusable" no es un término severo, intolerante, sino lo que atañe a una apuesta y un trabajo destinal.

En relación a lo anterior, el "destino" del vínculo entre psicoanálisis y medicina, se vuelven relevantes las perspectivas de Freud —el "dogmático"— y de Jones —el "mediador"— sobre el asunto. Afirma Jones, "según toda probabilidad, empero, esta cuestión no la vamos a resolver nosotros, sino el destino". Contesta Freud, subrayando, "El destino decidirá, sin duda, cual ha de ser en última instancia la relación entre psicoanálisis y medicina, pero esto no significa que nosotros no tengamos que influir sobre el destino, que no debamos darle forma por nuestros propios esfuerzos".

El primero, no sin cierto cinismo resignado, abundante en las asociaciones psicoanalíticas, acepta un destino trágico. El otro, con cierta ironía cansada, remarca el único destino, de carácter estoico, posible para el psicoanálisis: durar a través de una transformación incesante, dejándose "destinar" por

el descubrimiento analítico, por un "hecho exquisi-
tamente colectivo" de modo eminentemente singular.

Apéndice II. Algunos caminos del Nombre Propio

El *punto de coincidencia* a que aludo en el texto, sobre la cuestión del *nombre propio*, es un trabajo de investigación en sí mismo, pero no estará de más señalar algunas inflexiones elementales desde hace unas centenas de años.

Una se da cuando el festivo Abelardo se pregunta sobre el nombre de la rosa perdida, seguramente destinada a Eloísa, en un voluminoso tratado medieval de lógica (*Logica Ingredientibus*).

Otra, cuando J. S. Mill (*Sistema de lógica*) sostiene el carácter denotativo y no connotativo (significativo) de los nombres propios. E. Husserl (*Investigaciones lógicas*) más tarde discriminará entre *nombrar y enunciar*. Un enunciado jamás puede funcionar como nombre, y al revés, sin que se altere su naturaleza esencial. Para G. Frege (*Estudios sobre semántica*), en cambio, los nombres propios expresan su significado y designan su referencia. Por lo tanto tienen un "sentido". Para L. Wittgenstein (*Tractatus Logico-Philosophicus*) y B. Russell (*Principia Mathematica*) por el contrario, los nombres propios carecen de significación.

Es necesario, según Russell, diferenciar entre nombres propios y descripciones o frases descriptivas que, por sí mismas, no nombran. Mientras que si algo es un nombre debe tener una función nominativa. Y el último Wittgenstein (*Investigaciones sobre el lenguaje*), complejiza todo el asunto cuando trata las relaciones, o la falta de ellas, entre *nombrar y mostrar*. Y la doble imposibilidad simultánea, es decir, lo que se puede nombrar *no* se puede mostrar, y lo que se puede mostrar *no* se puede nombrar (p. ej. una afirmación).

Contra B. Russell se alza el lingüista y egiptólogo A. Gardiner (*Controversial Essay*), quien refuta su teoría sobre los nombres propios, esos "words for particulars" de Russell (básicamente el demostrativo "éste", "ésta", etc.), vocablos que designan hechos particulares a contrapelo de las descripciones mencionadas. Gardiner, por el contrario, intenta demostrar que los usos de los nombres propios —en ejemplos seleccionados— no fincan en su sentido, sino en su sonido, que es lo específicamente distinto de tales nombres.

A distancia crítica de ambos se sitúa J. Lacan. Por la relevancia de su obra, su lugar en el campo analítico —y del saber en general—, abordaremos con cierta extensión su tratamiento del asunto.

En el Seminario IX (*La identificación*) la problemática del nombre ya está atravesada por la del *Nombre del Padre*, tratado en el Seminario sobre *Las psicosis*. Así el *trazado* mismo del camino identificatorio exige una decisión sobre el *trazo* de su escritura. Ella no se hace esperar. Trazar algo es, de algún modo, someter a ruina; ruina por donde pasará un nuevo sendero. El trazo escritural "arruina", distorsiona cualquier figura, desmonta por dentro el discurso y la escritura.

Pero retornemos al Seminario IX para seguir encaminados. Allí estipula que la misma definición del nombre propio requiere "la relación de la emisión nominante con algo que en su naturaleza radical es del orden de la letra".

Desde *La instancia de la letra en el inconsciente*, el seminario sobre *La carta robada*, el que toca a *la identificación* y *Lituraterre*, el concepto de letra ha sufrido una serie de transformaciones que van desde su diferenciación del significante —en el Seminario IX— hasta su función de "borde", puesta en límite y frontera —"litoral"—, tal como lo despliega en *Lituraterre*.

La tierra (similar a la *Die Erde* heideggeriana), es un desvío de lo literal, es un *litoral*, una tachadura que instaura la escritura, su diferencia y su diferendo con el discurso. Por eso en toda escritura es esencial la operación de su *trazado*.

Sin ella puede disimularse en lo que R. Barthes llamaba "escribidurías" (que hoy abundan en formato libro), un paso medio, ni discurso ni escritura. Sin embargo, sean cuales fueren los avatares del concepto, Lacan sostiene irrevocablemente la "no partición de la letra" (Seminario sobre *La carta robada*), tomando un derrotero similar al de la "unidad de la palabra primordial", tal como la sostuvo Heidegger en todos sus escritos.

Lo anterior no es sin consecuencias, más allá de considerarlas positivas o negativas. El *rasgo unario*, ese uno siempre parcial, soporte de lo que "rasga" las identificaciones, está íntimamente conectado con *la letra* y su indisolubilidad. Por eso no será casual que la letra siga el desplazamiento que va del significante a una cierta modalidad estructural.

Su "no partición" fue la señal para que innúmeros seguidores de Lacan hablaran del "carácter estructural del rasgo unario", mientras otros, al nominarlo como "único", lo inscribieran en la tradición de *El único y sus propiedades* instaurada por Max Stirner. Todo ello no es intrascendente para una concepción sobre el sujeto, el yo, el individuo o lo que se desee poner en su lugar. Aun si designamos ese lugar como "vacío", por alguna entrada finalmente habrá que deslizarse.

No será extraño, entonces, que, por ese acceso inaccesible —estatuto paradojal— a la estructura, el sujeto sea tal. Aún estando *sujeto a ella*, siendo apresado y significado por sus tramas, jamás logra una adecuación plena, no alcanza como el *hypokeimenon* aristotélico a operar de modo completo para la entelequia, para la estructura que le otorga su función de sujeto.

Es innegable que la *positividad* del "rasgo unario" (ser con otro sin fundirme con él) y su *desemejanza* (yo no soy el otro) no alcanzan para instalar la diferencia, pensada sobre una relación de exterioridad en la que juega una igualdad (A=A) sin mismidad. Es decir, una equiparación establecida por el entendimiento, justo allí donde se afirma "no hay nada que entender".

Una igualdad matematizable, es cierto que caída, escandida, autosupresiva, que a la larga resta atrapada en una línea de identidad diferencial negativa (yo *no* soy el otro), régimen identitario que pendula entre la *posibilidad* de no ser el otro, y la *imposibilidad* de ser yo. Un régimen de posibilidad-imposibilidad que, si bien está alejado del más célebre establecido por la *fenomenología*, no por eso deja de ser demasiado "consciente de sí mismo".

Sin embargo el aporte de Lacan al problema que nos convoca es insoslayable. La cuestión del *nombre*, del *Nombre del Padre*, del *nombre propio*, del *rasgo unario*, instalan en el núcleo mismo de las identificaciones el asunto de la diferencia, sistemáticamente eludido, en el campo psicoanalítico, antes de sus desarrollos.

Posibilidad de ser *sin* otro es un paso adelante, por el cual el sujeto puede ser el sitio ilocalizable

para hacer "ruinas" (como lo deseaba W. Benja-
mín) las mistificaciones de *sentido común* y *buen
sentido* masivos.

Imposibilidad de ser *sin* yo es un paso más para
adelantarse en un colectivo específico, disolviendo
las miserias del *ego in-dividuum*.

El *sin* desarma a ambos, masa e in-diviso con-
ciente, pero deja *sin* tocar la composibilidad misma del *socius* (que no podrá ser "un conjunto de
narcisos") y roza apenas un problema de mayor volumen, nada desdeñable.

Por ese estructural-*ismo* sui generis, por ese *ismo* estructural, la problemática de la *pulsión de
muerte* queda opacada. Al irrumpir en ellas desde
una *igualdad* (A=A) disímil, la repetición jamás
podrá repetir su propia diferencia, sino que será la
reproducción de su igualdad asimétrica. Y aunque
la letra sea la muesca de la no sutura entre el significante y la estructura, el deseo y el significante,
etc., el conjunto queda definido en un plano estructural.

En ese aspecto creo que Freud sigue "adelantado" con anterioridad. Como señalo en la nota 43, la
Selbsdarstellung, en *Más allá del principio de placer*, es una *unidad de despliegue* que no forma sistema ni remite a estructura alguna. Por otro lado
deja señales para seguir trabajando una cuestión
fundamental, en la cual el psicoanálisis viene de-

morado. Se trata de que la *Selbsdarstellung* altera y deforma, diluye radicalmente la noción de representación (sin que Freud lo sospeche), tal como se la venía usando y abusando. Y esto es clave tenerlo en cuenta para operar la "identificación" del sujeto en psicoanálisis.

Pasando a otro territorio, veamos cómo ha sido enfocado el asunto en la Antropología Social, especialmente por Lévi-Strauss y sus discípulos.

En un seminario a propósito de *La identidad* —y ésta es una convergencia problemática con el tratamiento de la identificación— se distingue una identidad inmediata, "de superficie", de otra "relacional" y profunda, donde "la cuestión del *Otro* aparece como constitutiva de la identidad".

Y ella se plantea en ligazón privilegiada con otra, la cuestión del *nombre propio*, "lugar de la inscripción social del grupo sobre el sujeto que ha de ser vinculado con la escisión que el significante opera sobre la ilusoria identidad de la persona consigo misma, nombre de grupo, nombre de individuo...", "facetas de la cuestión del nombre propio en tanto que moviliza lo impropio y la cuestión del otro, ofrecen un terreno privilegiado al cuestionamiento de la identidad y descubren la trampa del etnocentrismo a nivel del grupo y del narcisismo primario a nivel del sujeto individual".

Transitando, ahora, un pensamiento rizomáti-
co, la "univocidad del ser" y la "glorificación del
simulacro" (*Diferencia y repetición, Lógica del sentido, Mille plateaux*), G. Deleuze requiere para el
nombre propio por lo menos dos nombres, y la mo-
dalización del *acto* de nombrar. O sea: todo nombre propio instala, de entrada, una multiplicidad
plegada (*El pliegue*) que se desplegará y replegará
en infinitas formas o simulacros.

Contra la convicción habitual, el nombre propio, para Deleuze, no designa un individuo, a la
manera que denotamos o señalamos un estado de
cosas —llueve, hace frío—; a la inversa, "un individuo sólo adquiere su verdadero nombre propio
cuando se abre a las multiplicidades que lo atraviesan en todo sentido, tras el más riguroso ejercicio
de despersonalización".

El nombre propio pertenece a un régimen de
aprehensiones intuitivas (con la complejidad y precisión que tiene la intuición en Deleuze y Bergson, fuera de cualquier acercamiento impresionista)
de una multiplicidad determinada.[81] Así el nombre
propio es "un puro infinitivo entendido como tal

---

[81]Para captar la idea de *intuición* en Bergson —y en
Deleuze, que la toma directamente de aquél—, remito a la
panorámica que hago de ella en el libro *La problemática de
la subjetividad. Un ensayo, una conversación.*

en un campo de intensidad" (*Proust y los signos*;
Kafka, por una literatura menor).

Vayamos rubricando el breve trayecto diseñado.

J. Derrida, siguiendo y complejizando una cuestión tradicional —renovada por M. Foucault en
¿Qué es un autor?—, explora el *nombre propio* en
la sinuosa "cadena de sustituciones" a las cuales
pertenece. Todos sus análisis marcan la *inadecua-
ción*, la no-verdad, de la pretendida identidad del
autor consigo mismo y con la entera propiedad de
su texto.

En *Glas*, p. ej., rompe con la unidad trascendental que impone la noción de autor. Su nombre
propio[82] es ya un proceso de autosupresión fundi-
do con el texto escrito, escapado de sus designios
rumbo a un destinatario imprevisto que ignora si
llegará a sus manos.

Desde el inicio el nombre propio está surcado
por la *firma* y otros aconteceres del "nombrar" a
secas. La firma de un texto, cuadro, testamento o
lo que sea, parece ser lo más propio y distintivo,
pero no es ni exterior ni interior a ninguno de esos
productos. Ellos pertenecen al espacio de la *firma*,
definido por un sistema simbólico de convenciones

---

[82]Conjunto singular de marcas, trazos, apelaciones, por
los cuales alguien puede identificarse o llamarse a sí mismo
sin haberlos elegido.

(cheque, carta, etc.) sin el cual no tienen rango de compromiso, no *valen* nada.

Mencionar un *nombre* no es firmar. Por eso la firma —indisoluble del nombre— no está ni dentro ni fuera, sino en el límite. En una palabra, se define por el sistema, la historia, la convención y las condiciones de producción de los útiles y las creaciones. Así el nombrar se expande modulado por una "lógica de la contaminación", del "injerto" (inserción), del "suplemento", de la *différance*, del "entre", de la "doble banda" y demás nombres, según la operación realizada.

En el libro mencionado, el *yo* (definición misma de "autor") es abierto por los dobles sentidos que habitan en el nombre propio de Jean Genet (en francés, flor de retama y caballo africano) y la firma del *seing* Genet (*sello*, por extensión *firma*, y que suena parecido a *saint*, santo. Este es un Genet obviamente pensado en diferencia con el *San Genet, comediante y mártir* de Sartre). De este modo el nombre propio se convierte en una transfiguración de la *firma* que, con sus arabescos y variaciones, hace desaparecer la identidad inmutable del nombre propio.

En el mismo orden de transformaciones juega el *título*, ya que cualquiera sea, como dice en *Parages*, "siempre tiene la estructura de un nombre, induce efectos de nombre propio y a *título* de ello, permanece de modo peculiar extraño tanto a la lengua como al discurso..." (trad. y subr. míos). Así, un *título* no es el significado, el rótulo temático o el sentido despótico con que comienza un texto (todo "inicio" ya es corte, marca, remisión), sino *propiamente* un nombre.

Derrida, finalmente, al diseminar la *letra*, la *firma*, el *título*, la *nota*, la *cita*, el *nombre*, el *nombre propio* y otras ideas (ver nota 47), desliza una cuestión inquietante respecto al nombrar en general: ¿cómo es posible nombrar lo innombrable?, ya trabajada por la "innombrable" escritura beckettiana.

En *Khôra* intenta un despeje de la misma. El escrito des-estructura minuciosamente la urgencia por otorgar un nombre articulado (la *Khôra*) a una "hendidura abismal" *entre* el alma y el cuerpo, lo sensible y lo inteligible, todavía innombrada e innombrable (*Khôra*). Y que, sin embargo, determina el régimen discursivo sobre los lugares políticos, regionales, sociales, etc., en el *Timeo* de Platón.

De manera consonante con los pasos anteriores, el *nombre propio* adquiere un estatuto singular elaborado en los pliegues de una lógica *tensional* y *diferencial*, la del "entre". Así, p. ej., Marx sería esa dispersiva signatura que se da *entre* el patronímico y el Materialismo Histórico.

Dejamos aquí las múltiples e inacabadas travesías derridianas.

Por nuestra parte agregaríamos que, en los *nombres propios*, además de las significaciones y sus carencias, las particiones o unidades irreductibles, primordiales, las designaciones "rígidas" (S. Kripke, *Naming and Neccesity*), los sonidos distintivos, la diferenciación de la letra, etc., se juegan oficios y labores, pertenencias regionales, étnicas, dramas filiatorios, inserciones cercanas, proveniencias lejanas, realidades comunicativas y variados órdenes que se disparan desde el mismo *socius* (no digo "sociedad" ni "social"), fuera del cual el sujeto es una ilusión consumada.

Dejo la semblanza en este punto. Sólo dibujé un amplio trazado, para quien busque circular seriamente por los "desfiladeros significantes", y ayudar a sortearlos con las demoras que solicitan sus escarpados recorridos.

SOBRE EL AUTOR

Juan Carlos De Brasi. Filósofo. Ensayista. Psicoanalista. Codirector del Espacio Psicoanalítico de Barcelona. Ex profesor de la Universidad de Buenos Aires (UBA 1991-1999). Profesor en distintas universidades e instituciones extranjeras. Investigador de la problemática institucional, grupal y de la subjetividad contemporánea. Codirector de la publicación *Lo Grupal* y colaborador en distintas publicaciones.

Algunos de sus ensayos publicados son: "Subjetividad, grupalidad, identificaciones"; "La monarquía causal"; "La explosión del sujeto. Acontecer de las masas y desfondamiento subjetivo en Freud";[83] "La problemática de la subjetividad. Un ensayo, una conversación";[84] "Ensayo sobre el pensamiento sutil. La cuestión de la causalidad. La causalidad en cuestión";[85] "Apreciaciones sobre la violencia simbólica, la identidad y el poder".[86]

---

[83] Nº. 2 de esta colección.
[84] Nº. 3 de esta colección.
[85] Nº. 4 de esta colección.
[86] Nº. 1 de la colección *Cuadernos mínimos*.

En preparación: "Flechas de pensamiento. Ver-
dinales y meditaciones".